조선 후기 통신사,
일본을 오감하다

조선 후기 통신사,
일본을 오감하다

초판 1쇄 인쇄 2023년 11월 13일
초판 1쇄 발행 2023년 11월 20일

—

기 획 한국국학진흥원
지은이 심민정
펴낸이 이방원

책임편집 정조연   **책임디자인** 박혜옥
마케팅 최성수·김 준   **경영지원** 이병은

—

펴낸곳 세창출판사

신고번호 제1990-000013호 **주소** 03736 서울특별시 서대문구 경기대로 58 경기빌딩 602호
전화 02-723-8660 팩스 02-720-4579 **이메일** edit@sechangpub.co.kr 홈페이지 http://www.sechangpub.co.kr
블로그 blog.naver.com/scpc1992 페이스북 fb.me/Sechangofficial 인스타그램 @sechang_official

—

ISBN 979-11-6684-275-7 94910
       979-11-6684-259-7 (세트)

한국국학진흥원 전통생활사총서 16

조선 후기 통신사, 일본을 오감하다

심민정 지음
한국국학진흥원 기획

세창출판사

한국국학진흥원에서는 2022년부터 문화체육관광부의 지원으로 전통생활사총서 사업을 기획하였다. 매년 생활사 전문 연구진 20명을 섭외하여 총서를 간행하기로 했다. 올해 나온 20권의 본 총서가 그 성과이다. 우리 전통시대의 생활문화를 대중에 널리 알리고 공유하기 위한 여정이 시작된 것이다.

한국국학진흥원은 국내에서 가장 많은 민간기록물을 소장하고 있는 기관으로, 그 수는 총 62만 점에 이른다. 대표적인 민간기록물로 일기와 고문서가 있다. 일기는 당시 사람들의 일상을 세밀하게 이해할 수 있는 생활사의 핵심 자료이다. 고문서는 당시 사람들의 경제 활동이나 공동체 운영 등 사회경제상을 이해할 수 있는 자료이다.

한국의 역사는 『조선왕조실록』이나 『승정원일기』와 같이 세계적으로 자랑할 만한 국가기록물의 존재로 인해 중앙을 중심으로 이해되어 왔다. 반면 민간의 일상생활에 대한 이해나 연구는 관심을 덜 받았다. 다행히 한국국학진흥원은 일찍부터 민간에 소장되어 소실 위기에 처한 자료들을 수집하고 보존처리를 통해 관리해 왔다. 또한 이들 자료를 번역하고 연구하여 대중에 공개했다. 그리고 이러한 민간기록물을 활용하고 일반에 기여할 수 있는 방법으로 '전통시대 생활상'을 대중서로 집필하는 방식을 통해 생생하게 재현하여 전달하고자 했다. 일반인이 쉽게 읽을 수 있는 교양학술총서를 간행한 이유이다.

총서 간행을 위해 일찍부터 생활사의 세부 주제를 발굴하는 전문가 자문회의를 개최하고, 전통시대 한국의 생활문화를 가장 잘 구현할 수 있는 핵심 키워드를 선정하였다. 전통생활사 분류는 인간의 생활을 규정하는 기본 분류인 정치·경제·사회·문화로 지정하였다. 이를 기반으로 매년 각 분야에서 핵심적인 키워드를 선정하여 집필 주제를 정했다. 금번 총서의 키워드는 정치는 '관직생활', 경제는 '농업과 가계경영', 사회는 '가족과 공동체 생활', 문화는 '유람과 여행'이다.

분야마다 5명의 집필진을 해당 어젠다의 전공자로 구성하였다. 서술은 최대한 이야기체 형식으로 다양한 사례를 풍부하게 녹여 달라고 요청하였다. 특히 어디서나 간단히 들고 다니며 읽을 수 있도록 쉽게 서술해 줄 것을 부탁하였다. 그러면서도 본 총서는 전문연구자가 집필했기에 전문성 역시 담보할 수 있다.

물론 전문적인 서술로 대중을 만족시키기는 매우 어렵다. 그래서 원고 의뢰 이후 5월과 8월에는 각 분야의 전공자를 토론자로 초청하여 2차례의 포럼을 진행하였다. 11월에는 완성된 초고를 바탕으로 1박 2일에 걸친 대규모 학술대회를 개최하였다. 포럼과 학술대회를 바탕으로 원고의 방향과 내용을 점검하는 시간을 가졌다. 원고 수합 이후에는 책마다 전문가 3인의 심사의견을 받았다. 2023년에는 출판사를 선정하여 수차례의 교정과 교열을 진행했다. 책이 나오기까지 꼬박 2년의 기간이었다. 짧다면 짧은 기간이다. 그러나 2년의 응축된 시간 동안 꾸준히 검토 과정을 거쳤고, 토론과 교정을 진행하며 원고의 완성도를 높이기 위해 분주히 노력했다.

전통생활사총서는 국내에서 간행하는 생활사총서로는 가장 방대한 규모이다. 국내에서 전통생활사를 연구하는 학자 대부분을 포함하였다. 2022년도 한 해의 관계자만 연인원 132명에 달하는 명실공히 국내 최대 규모의 생활사 프로젝트이다.

1990년대 이후 폭발적으로 증가했던 일상생활사와 미시사 연구는 근래에는 학계의 관심이 소홀해진 상황이다. 본 총서의 발간이 생활사 연구에 다시 활력을 불어넣는 계기가 되기를 기대한다. 연구의 활성화는 연구자의 양적 증가로 이어지고, 연구의 질적 향상 또한 이끌 것이다. 그렇게 된다면 전통문화에 대한 대중들의 관심 역시 증가할 것으로 기대된다.

본 총서는 한국국학진흥원의 연구 역량을 집적하고 이를 대중에게 소개하기 위해 기획된 대표적인 사업의 하나이다. 참여한 연구자의 대다수가 전통시대 전공자이며, 앞으로 수년간 지속적인 간행을 준비하고 있다. 올해에도 20명의 새로운 집필자가 각 어젠다를 중심으로 집필에 들어갔고, 내년에 또 20권의 책이 간행될 예정이다. 앞으로 계획된 총서만 80권에 달하며, 여건이 허락되는 한 지속할 예정이다.

대규모 생활사총서 사업을 지원해 준 문화체육관광부에 감사하며, 본 기획이 가능하게 된 것은 한국국학진흥원에 자료를 기탁해 준 분들 덕분이다. 이 자리를 빌려 그분들께 다시 한번 감사드린다. 아울러 총서 간행에 참여한 집필자, 토론자, 자문위원 등 연구자분들께도 감사 인사를 전한다. 책의 편집을 책임진 세창출판사에도 감사드린다. 이 모든 과정은 한국국학진흥원 여러 구성원의 노력이 있었기에 가능했다.

2023년 11월
한국국학진흥원 연구사업팀

차례

그림1 조선통신사의 일본 방문 경로

'통신사通信使'는 육로를 통해 중국으로 가는 사신단과는 달리 바닷길을 통해 일본으로 건너갔다. 이 때문에 통신사는 바닷길에서 '언제 만날지 모를 위험에 대한 두려움'과 '나라에 대한 충성의 여정'이라는 두 가지 감정 사이에서 끊임없는 고민의 짐을 짊어지고 다녀와야 하는 사절이었다. 그래서 사행 전후로 통신사들이 남긴 사행록의 시작에는 이런 두려움과 막중한 임무에 대한 상념들이 동시에 기록되어 있다.

통신사란 일본과 신의를 통한다는 명목으로 조선 국왕의 국서를 지참하여 일본으로 파견되는 국왕사절단이다. 그 기원을 상고해 보면, 고려 말부터 우리 해안가를 약탈하던 왜구倭寇를 회유하여 백성들의 평안을 도모하기 위한 목적에서 나흥유羅興裕를 대표로 사신단을 꾸린 것이 시작이었다. 사절의 명칭도 통신관通信官, 보빙사報聘使, 회례사回禮使 등으로 다양하였다. 하지만 임진년壬辰年에 시작된 조선과 일본의 전쟁은 이 사신단의 성격을 바꾸어 놓았다. 다시 일어날지 모를 전쟁에 대한 두려움 때문에 부여된 '일본 정탐', 한편으로는 '일본 관백(쇼군, 막부의 최고책임자라는 측면에서 쇼군이라는 명칭이 합당하나 실록 등 조선 측 사료에서는 대부분 '관백'이라는 명칭으로 기재되어 있다)의 직위 세습에 대한 축하'라는 이전에 없던 임무가 등장한 것이다. 사절의 명칭도 '회답겸쇄환사回答兼刷還使'라는 명칭을 거쳐 '통신사'라는 정식 명칭이 정착되었다.

이처럼 전쟁을 거쳐 재개된 외교사절단은 무겁고 엄숙한 이미지가 강했다. 하지만 사행이 거듭되고 외교상의 경직성이 어느 정도 해소되면서 통신사는 조선과 일본의 평화적 교류에 큰 역할을 하는 사절로 자리매김하였다. 사신단의 최고 수장이자 대표인 삼사신三使臣(정사·부사·종사관)은 물론이고, 글이나 글씨에 능한 자, 무예가 뛰어난 자, 그림을 잘 그리는 자, 마상재에 뛰어난 자 등을 특별히 선발한 상황에서도 이를 확인할 수 있다. 이 책에서는 통신사절의 근엄함 뒤에 가려져 있던 흥미롭고 두근거렸던 사행의 여정을 '다시 쓰는 사행록'의 형태로 들여다보려 한다. 국왕에게 사신의 임무를 부여받고 부산으로 내려와 명소를 유람하고, 낯선 일본 땅을 밟아 눈으로 보고 몸으로 부대끼며, 진기한 음악과 연희를 듣고 즐기고, 혀끝에 새로운 음식을 느끼던 짜릿함까지, 통신사의 오감을 함께 느껴 보려 한다.

특히 이 책에 제시된 사행 경유지의 소개는 국립중앙박물관 소장 '이성린의 《사로승구도》'를 이미지 자료로 활용한다. 이성린은 1748년(영조 24) 통신사의 수행화원이었고, 사행 경로마다 인상 깊은 장소, 명소, 숙박지, 주요한 상황이나 장면을 30폭의 그림에 담아내고 있다. 그의 그림은 통신사 오감 사행의 스토리를 생동감 있게 전달해 줄 것이다.

1

궁궐에서 하직하고,
한강나루에서
이별하다

나라에 바쳤으매 몸을 어찌 아끼랴.

許國身何愛

멀리 떠나니 그리움이 절로 깊구나.

遊方戀自深

임금 생각으로 강 위에서 흘리는 눈물로,

以君江上淚

나 이별할 때 마음을 알리라.

知我別時心

— 남용익, 『부상록』

궁궐에서, 관왕묘에서 사신의 임무를 되새기다

통신사로 임명되어 사행에 참여하게 된 관원들은 창덕궁昌德宮, 창경궁昌慶宮, 혹은 경희궁慶熙宮에서 임금에게 사행 임무를 명받고 국서國書를 전달받았다. 그리고 임금에게 하직 인사를 하는 숙배肅拜를 행하면서 사행은 비로소 시작되었다. 통신사행은 임무가 막중할뿐더러 위험 부담도 너무 컸다. 이런 탓에 일부 사신은 사행에 참여하는 대신 먼 지역으로의 유배형을 택하기까지 할 정도였다. 그 무거움에 대해서는 사행을 떠나보내는 임금도 충분히 알고 있었다. 1655년(효종 6), 통신사 일행이 하직 인사를 할 때 효종孝宗은 "이 걸음은 북경에 가는 것과는 달라

내가 애처롭게 여긴다"라며 사신 일행을 위로하기도 했다. 임금의 이런 위로는 호피虎皮·후추·활과 화살·부채·환약 등 진귀한 물품을 하사하고, 선온宣醞(임금이 신하에게 내리는 술)을 내리는 것으로 대신할 뿐이었다.

삼사신(정사·부사·종사관)은 모든 사행원을 인솔하고 국서를 전달해야 할 의무가 있었기에 국서를 받들고 절월기치를 행렬로 삼아 성문을 나섰다. 그러면 사신들의 무거운 임무를 잘 아는 지인과 관원들이 술과 음식, 선물을 들고 와 송별 인사를 나누고, 장안의 사람들도 몰려와 행렬을 둘러싸고 구경하며 인사하기에 여념이 없었다.

1624년(인조 2) 사행에서는 통신사가 궁궐 문을 나선 후 남관왕묘南關王廟에서 관복을 갈아입고 전별 의식을 하는 모습이 보인다. 관왕묘는 관우關羽를 모신 곳으로, 임진왜란이 무탈하게 끝난 것은 관우의 혼이 영향을 미친 것이니 그 공을 기리라는 명 황제의 조서詔書가 내려진 후 조선에 세우게 된 묘당이다. 관왕묘의 이런 상징성은 통신사에게도 감흥을 주어 관왕묘 앞에서 충성을 맹세하고, 임무를 되새기는 의례로 이어졌다고 볼 수 있다.

이별의 한강나루

관왕묘에서 전별연(餞別宴)을 마친 통신사 일행이 부산으로 내려가기 위해서는 한강을 건너야 했다. 한강에는 수많은 나루가 있는데, 어느 나루를 이용하든 강을 건너야 했고, 이를 위해 배를 타는 것은 통신사선(通信使船)을 타기 전에 잠시 선상 체험을 하는 것이기도 했다.

1636년(인조 14), 김세렴이 한강에 도착했을 때는 12척의 배가 대기하고 있었다고 한다. 배에 오르며 수많은 사람과 이별의 인사를 나누는 장면은 한편으로 진기한 풍경처럼 느껴지기도 했다. 경섬(慶暹)이나 임수간(任守幹)의 경우, 친인척과 지인 30-40명이 한강에서 송별했다고 하는데, 모든 사행원이 다 이별의 인사를 나누려면 아마 한강 변은 수많은 인파로 혼란스러웠을 것이다. 이처럼 많은 인파가 한강에서 송별한 것은 아마도 통신사행이 북경으로 가는 사행과는 달리 바다를 건너는 고단하고 위험한 사행이라는 것을 잘 알고 있었기 때문일 것이다.

한편으로는 슬픔을 희화하는 사행원도 있었다. 1607년(선조 40), 경섬은 한강 변에 송별하러 온 친구들과 제천정(濟川亭) 옛 터에서 술을 마시고, 썰매를 타며 흥을 내기도 했다. 제천정은 1623년(인조 1), 불에 타 없어졌지만 달을 보기에 좋은 명소로 알려진 곳이었다. 이런 여정의 흥취가 없다면 사신행은 마냥 고단하기만 했을 것이다. 그래서 통신사들이 국내·국외 사행에서 유람의 명소들을 애써 들른 것은 아니었을까.

2

배 띄우기 전,
부산을 유람하다

상사와 함께 부산성에 올랐다.
성은 왜인이 쌓은 것인데,
외딴 봉우리가 바다 어귀에 우뚝 솟았고,
앞에 절영도와 마주하고 있다.
북쪽 산기슭을 바라보니 고분古墳이 있는데,
동래 정씨鄭氏 시조의 무덤이다.
이것이 안쪽 안산安山이고,
절영도가 바깥 안산이라 한다.

— 김세렴, 『해사록』

동래와 부산진에서의 통신사 맞이, 그들의 '축제'

국왕에게 하직하고 여러 지역을 거쳐 내려오면서 통신사들은 연회를 마음껏 즐기기도 하고, 지인들의 인사를 받으며 회포를 풀기도 했지만, 막상 양산 용당龍堂에서 동래부로 들어설 때에는 고단한 사행을 실감할 수밖에 없었다. 동래부 경계에 이르면 고을 사람, 장교, 아전, 백성, 승려 등 수백 명이 기다리다가 사신 행렬이 가는 길을 위로해 주었다. 한때는 흉년이 잦아 이전에 잔치를 베풀어 주던 충주, 안동, 경주 등지에서는 이 모든 의례를 생략할 정도였는데, 동래부는 사신들이 모여 출발하는 장소였기 때문에 잔치와 의례를 생략할 수 없었다.

동래관에서 5리쯤 떨어진 손달리孫達里(현재 금정구 오리정)에 이르면, 동래부사가 의장을 갖추고 길가에서 장막을 친 뒤 국서를 맞이하여 용정자龍亭子에 담았다. 그리고 동래부사 의장이 풍악을 울리며 앞에서 인도하면, 사신 일행은 바다를 건널 군물軍物 및 나졸羅卒과 전배前排를 갖추고 그 뒤에 늘어섰다. 이어서 정사·부사·종사관은 단령을, 나머지 사신들은 각기 정복을 착용하고 차례대로 줄지어 천천히 동래성 남문에 들어섰다. 이 행렬에 구경꾼들이 어찌나 많았던지 각종 사행록에서는 "좌우 길가에 구경하는 사람이 몇천인지 알 수 없다"라고 할 정도였다.

이후 국서를 객사客舍에 모시고, 수령守令은 문상례問上禮(문안을 드리는 예)를 행했다. 국서를 맞이하는 의식은 칙서를 맞을 때와 같았는데, 우선 국서를 북쪽 벽에 봉안한 뒤 삼사신은 동쪽 벽에 나란히 섰다. 이어서 첨사僉使 이하 모든 사람이 숙배하고 공사公私 간의 예를 행했다.

동래에서 여러 지역의 수령들과 동래부사, 부사첨사 등과 회포를 푸는 시간을 가진 통신사 일행은 다음 날 다시 부산진성으로 이동할 채비를 하였다. 통신사선이 일본으로 출발하기 전까지 사신 일행은 부산진성과 그 부근 민가에서 유숙해야 했기 때문이다. 사신단이 동래읍성을 출발하여 음악을 울리면서 부산진성으로 행렬을 이어 가면 길마다 구경꾼들이 시장처럼 모여들었는데, 그중에선 음식을 싸 가지고 구경 오는 자도 있었다고 한다. 동래성으로 들어갈 때와 마찬가지로 부산진성으로 들어가 객사에 국서를 안치한 후 문상례를 마치면 수영에서 온 경상좌수사가 베풀어 주는 잔치가 이어졌다. 삼사신은 단령을 갖추어 입고 좌수사와 마주 앉았고, 일행의 군관, 서기 등은 차례로 각각의 직위에 따라 동서로 나누어 앉았다. 음악이 울리고 상에 한가득 음식들이 나오면 일시에 술을 따르고 모두 머리에 꽃을 꽂았다. 여기에 경주·동래·밀양 등지에서 온 기생들이 음악에 맞추어 춤을 추고, 일행은 모두 흥이 올라 취기가 어렸다. 화려한 잔치에 어찌 인파가 빠질 수 있겠는가? 어느새 성 안팎에는 수많은 구경꾼으로 가득 차고, 밤중이 되어서야 잔치를 파했다.

통신사선 通信使船을 점검하다

통신사는 아마도 부산 지역에서 행하는 의례와 지방의 관리들이 베풀어 주는 잔치를 통해서 한강을 건너올 때의 시름을 잠시 잊었을 것이다. 바다와 영가대를 앞에 두고 보면 곧 배를 타고 일본으로 출발할 것 같지만, 사신단은 다른 승선 인원을 기다리거나, 바람을 기다리고, 그들과 인사를 나눌 사람들을 기다리면서 생각보다 오래 부산 지역에서 머물렀다. 정사·부사·종사관은 각각 부산진성의 동헌東軒, 서헌書軒, 진헌鎭軒에 거처를 정하고, 나머지 인원들은 성 밖 민가에서 유숙하면서 출발 전까지 대기하며 일상을 보냈다.

부산진에서의 의례가 끝나면 삼사신들은 부산진에 도착했다는 것을 장계로 올리고, 선창으로 가서 도해선渡海船을 살펴보았다. 처음에 주로 좌수영에서 만들던 통신사선은 이후에 기선騎船은 주로 통영統營에서, 예물 등의 짐을 싣는 복선卜船은 수영에서 만들었다. 삼사신이 묘사한 바에 따르면, 기선에는 선상船上 좌우로 단청 그림이 그려진 난간이 있는데, 난간 밖에는 긴 붉은색 천을 커튼 모양으로 드리웠다. 또 중간층에는 판옥板屋이 있는데, 왼편의 제1칸은 상방上房으로, 그 위에는 타루柁樓(배의 키를 움직이는 망대), 조란雕欄(아름답게 새김질한 난간)이 있으며, 층층의 계단은 휘황찬란한 단청으로 꾸몄다. 또 차일遮日과 군막軍幕, 병풍과 의자를 설치하여 사신이 멀리 바라볼 수 있는 망루望樓를 갖추었다. 앞뒤 두 돛대의 높이는 각각 15장丈 남짓인데, 그 위에 표기標旗를 세우고 또 장대를 세워 정正·부副 등의 글자를 새겨 넣었다. 한편 복선에는 군막軍幕을 설치하지 않고, 돛은 흰 무명천에 청색의 선을 둘러서 만들었는데, 각각 '정복正卜',

'부복副卜' 등의 글자로 선호船號를 표시하였다.

배를 살펴보는 일이 끝나고 며칠이 지나면 삼사신은 승선도 해 볼 겸 각각 기선을 타고 근처 바다를 유람했다. 주로 부산진성과 가장 가까운 절영도絶影島 근처로 가는 경우가 많았는데, 부산의 특산품이었던 왜전복倭全鰒 캐는 것을 구경하기 일쑤였다. 특히 사행에 참여하는 격군 중에는 포작인鮑作人(진상하거나 공물로 쓸 전복을 캐는 전문가를 말함)이 포함되는 경우가 많아 바다로 둘러싸인 일본 사행길에서도 종종 전복을 캐는 진풍경이 펼쳐지기도 했다.

부산진성釜山鎭城의 풍광과 일상

부산진성은 임진년의 전쟁 당시 일본인들이 접수하여 '왜성倭城'의 형태로 개조하였고, '자성子城'이라 이름 붙였는데, 전쟁이 끝난 후 다시 조선에서 개보수하여 수군진의 성곽으로 거듭났다. 이 때문에 현대에 들어와 부산진성 안에 있던 자성대 일대에 조성된 공원을 '자성대공원'이라 이름했었다. 하지만 최근에는 '부산진공원'으로 그 명칭을 바꾸었다. 사실 조선시대 부산진성의 범위는 훨씬 방대했기 때문에 자칫하면 관광객들이

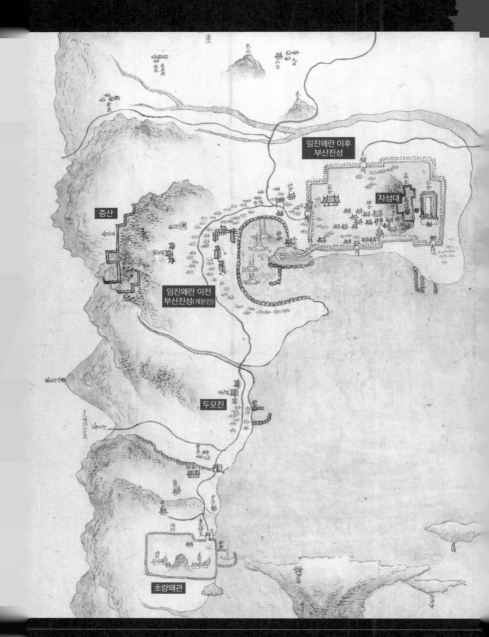

임진왜란 이후
부산진성

증산

자성대

임진왜란 이전
부산진성(개운진)

두모진

초량왜관

현재의 부산진공원과 부산진성의 규모를 동일시하는 착각을 하지나 않을까 하는 우려의 마음도 든다.

통신사들도 부산진성이 조선 후기에 자성대 일대로 이전한 상황을 잘 알고 있었던 데다가 일본으로 배를 띄우기 전까지 대다수의 시일을 부산에서 기거하며 보냈기 때문에, 그동안 부산진성을 둘러보는 것은 이들의 일상에서 빠지지 않는 일 중 하나였다. 부산진성과 관련한 제영시문 중에 통신사들이 작성한 시문들도 꽤 많다는 것이 이런 사실을 잘 알게 해 준다.

통신사들이 부산진성의 풍광에 대해 언급한 내용을 보면, "성은 일본인이 쌓은 것인데 외딴 봉우리가 바다 어귀에 우뚝 솟아 있다", "앞쪽으로 절영도絶影島가 마주 보인다", "절영도 밖으로 맑은 날에는 쓰시마섬對馬島이 선명하게 보인다", "성에 올라가 ⋯ 북쪽을 바라보니 동래 정씨 시조의 무덤이 보인다"라고 하여 부산진성과 주변의 풍광을 제대로 묘사하고, 즐기고 있음을 확인할 수 있다.

부산진성에 올라 주변을 둘러보는 사신들의 모습에서 한편으로는 부산진성의 입지가 어떠한지도 느껴진다. 부산진성은 바다를 접하고 있는 동시에 쓰시마섬이 바라보이는 곳에 자리하여 바다의 풍광을 즐길 수 있는 장소이면서 해양방어의 요충지에 자리한 성곽이다. 이 성곽을 둘러본 통신사는 단지 국서를 교환하는 외교사절, 문화교류의 사절일 뿐 아니라 국방·안보의 임무도 소홀히 할 수 없는 사절이라는 것을 상기하였다. 일본과 경계한 부산에서 사절단의 일상은 의기를 다지기에도 충분했던 것이다.

사신 일행은 부산의 객관에 머물러 있으면서 휴식을 취하기도 했는데, 이들을 배웅하기 위해 친분이 있는 사람들이 들르기도 했다. 또한 사신 일행이 무사히 다녀오기를 기원하며 주변에서 공무를 담당하는 사람들(주로 경상도 지역의 부사, 첨사, 군수 등)이 인사하러 오는 일도 상례처럼 행해졌다. 이처럼 부산객관은 사신들의 휴식처이자 인사를 나누는 장소, 사신들이 출발을 준비하는 장소로서의 역할을 동시에 했던 곳이었다.

객관에 인사를 전하러 오는 이들은 때로 하루나 이틀을 묵으면서 사사로이 주연酒宴을 베풀고 돌아가기도 했다. 통신사선을 타면 어떤 변수가 생길지 알 수 없는 노릇이다. 육로가 아닌 바닷길을 가야 하고, 혹 큰 풍랑을 만나면 생사가 어찌 될지도 모를 일이다. 하지만 나라의 일을 도모하기 위해 선상에 오르는 것이므로, 이런 위험은 감수해야 했다. 이 때문에 친분이 있는 사람들과 인사를 나누고 회포를 푸는 일은 빠질 수 없는 일이었다.

이들에게 베풀어지는 연회는 때로는 소소하게, 때로는 경상도 지역의 기생들을 다 동원하여 풍악까지 갖출 만큼 화려하게 치러지기도 했다. 한편으로는 통제사의 전선戰船이나 동래의 정원루, 영가대 등지에서 이색적인 연회가 열리기도 했다. 사신단 일행의 고충이나 마음을 고려한다면 이렇게 치러지는 연회들이 조금이나마 위로가 될 수는 있겠지만, 반면 많은 음식과 물자들을 담당하는 것은 영남 지역 71개 고을의 일이었으니 그 고충도 헤아려 볼 만하다. 물목을 담당하기 위해 수백 리 밖에서 수송하여야 하는 불편함, 40-50여 일이라는 긴 기간 동안 감당해야 하는 수고로움, 그로 인해 발생하게 되는 폐단 등은 따로 말하지 않아도 짐작이 간다. 1763년(영조 39) 사행 때, "부산 사람들은 이번 행차에 지공할 가가假家를 마련하고 가마·솥·그릇 등을 갖추는 하루의 세금이 백여 금金이 넘게 들었다"라고 할 정도였으니, 통신사들의 몸과 마음의 안정을 위해 감당해야 했던 지역민들의 고통의 일면도 바라볼 필요가 있겠다.

영가대에서의 해신제海神祭와 전별연餞別宴

통신사들이 부산에 도착하여 장계를 올리면, 예조에서는 배를 타기 좋은 길일을 택해 주었다. 길일을 전후로 사신들은 바다신에게 좋은 바람이 불기를 비는 기풍제祈風祭를 지낸 후 의장과 국서를 갖춰 배에 올랐다. 해신제 후 바로 배가 일본으로 출발하는 경우는 드물었지만, 일종의 의례로서 통신사선의 무사함을 기원한 것이다.

해신제를 지낼 날짜가 가까워지면 삼사신은 객사에 함께 모여서 예단과 복물卜物을 점검하고 다시 포장하게 했다. 그리고 거의 5백 명이나 되는 사행원들에게 일러둘 금제禁制 조항을 다시 정리한다. 전후 통신사행 때의 금제 조항을 살펴본 후 복잡한 사항은 삭제하고 미비한 점은 보충하여 하나로 합쳐 '금제조禁制條'·'약속조約束條'라 이름하고 각각의 인원들에게 전달하는 동시에 언문으로 써서 아래의 모든 노졸奴卒에게도 알려 둔다. 이런 장치를 통해서라도 사행 중 미연의 사고를 방지하려 했다.

그림 3 이성린, 《사로승구도》〈부산釜山〉(1748년 2월 16일 도착), 국립중앙박물관 e뮤지엄에서 전재

【그림 3】에서는 증산 앞으로 성곽을 두른 부산진성과 성
문 밖 언덕에 자리한 영가대의 모습을 잘 보여 준다. 영가대는
1614년(광해 6) 순찰사 권반權盼이 선착장을 만들면서 파낸 흙이
언덕을 이루자 세운 망루 겸 누각이다. 만들어질 당시에는 이
름이 없었지만 1624년(인조 2) 선위사 이민구李敏求가 권반의 본
향인 안동의 옛 지명을 따서 '영가永嘉'라는 이름을 붙인 것이다.
해신제는 1624년 통신사행 이후로 이곳에서 치러졌다.

해신제를 지내기 3일쯤 전부터는 부정을 탈 만한 행위를 엄
금하는 서약을 하였다. 서약문(서계문)의 내용은 대체로 다음과
같다.

> "○년 ○월 ○일, 우리 6척 배에 타는 사람들은 이 행역
> 行役에서 장차 신명神明의 도움을 받으려 하니, 이제 관
> 직의 품계를 가진 사람에서부터 그 이하 도사徒史와 서
> 리胥吏에 이르기까지 무릇 같은 배를 타고 바다를 건널
> 자는 제사에 참여하든 않든 오늘부터 술을 마시지 않고,
> 냄새나는 채소를 먹지 않고, 음악을 듣지 않고, 문상·문
> 병을 하지 않고, 형살刑殺 문서를 보지 않고, 각각 고요
> 한 방에 앉아서 일심으로 치재致齋하노니, 만약 서계誓戒
> 대로 아니하면 반드시 하늘의 꾸중이 있을지어다. …"

이렇게 맹세를 하고 난 뒤 2일 동안은 매사 모든 일에 경계하고, 1일 전에는 목욕재계하며 다음 날의 제례를 준비하였다. 저녁부터 전사관典祀官이 여러 집사를 거느리고 의식을 연습하였는데, 연습을 마치면 다음 날 새벽에 향香·축문·위판位版을 영가대에 봉안奉安해 놓고 당일 밤 자시 초각子時初刻(23시)에 관대를 갖추어 제사의례를 시작했다. 제사가 끝나면 상을 물린 후 축문과 폐백, 양羊·돼지·기장밥·피밥 등을 갖추어 배를 타고 바다로 나가 물에 띄우고 돌아와 단 남쪽에 네 번 절하고 예를 끝마쳤다.

의식이 끝나면 통신사 일행은 일정 시간 휴식을 가진 뒤 경상좌수사가 베풀어 주는 전별연을 받았다. 전별연이란 통신사들을 일본으로 송별하기 전에 베풀어 주는 공식적인 연회를 말한다. 전별연은 원래 충주·안동·경주·영천 등 통신사가 부산으로 내려오며 머무는 지역에서 치러졌는데, 1655년 이후에는 영천과 부산 지역에서만 열렸다. 충주·안동·경주의 전별연은 수령이, 영천에서는 경상감사가, 부산에서는 경상좌수사가 전별연을 주관하였다. 기근·재해 등으로 인해 경제 상황이 악화되어 잔칫상에도 술 대신 차茶를 올리는 것으로 바뀌기도 했다. 하지만 이렇게 형식과 횟수를 간소화한다고 해서 통신사들에 대한 접대가 소홀하지는 않았다. 통신사는 국왕의 명을 받은 국왕사절인 데다가 위험을 감수하고 일본으로 가는 사절이기 때문에 그 접대는 대체로 융숭하였다.

전별연이 매번 동일한 장소에서 열린 것은 아니었다. 대부분은 부산진성 객사에서 진행되었지만, 1655년에는 빈일헌에서, 1763년에는 빈일헌의 동쪽 뜰에서 열렸다. 사신 일행을 모은 후 경상좌수사는 기악妓樂을 크게 베풀었다. 사신과 좌수사는 주객의 자리에 갈라 앉고, 나머지 사람들은 모두 차례대로 앉아 자리를 정돈한 다음에 상을 받았는데, 항상 매우 융숭한 차림이었다. 술 대신 차로 구잔칠미九盞七味(성대한 잔치를 이름)의 예를 행하면서, 사람들이 모두 머리에 채화彩花 한 가지씩을 꽂고 배가 부르도록 상에 가득한 음식을 먹으며, 임금이 주는 것을 영화롭게 여기고 임금의 은혜를 감사하게 여기며 마지막 잔치를 한껏 즐겼다.

공적인 연회가 끝난 뒤에는 수사가 사연私宴을 베풀기도 했다. 풍악이 교대로 연주되고 군무群舞가 일제히 벌어졌으며, 청사초롱이 벽마다 걸려 마치 대낮같이 밝았고, 상 위에 벌여 놓은 꽃병은 완연宛然하게 봄 동산과 같은 구경거리를 만들어 냈다.

부산 명소名所 유람

  사신단은 대체로 배를 띄우기 전에 부산에서 40-50여 일을 머물렀다. 이렇게 머무는 동안에는 대체로 본연의 업무를 보는 데 많은 시간을 할애했다. 하지만 배가 출발하려면 해류나 바람 등 모든 조건이 정확하게 맞아떨어져야 했기 때문에 예상보다 더 많은 시간을 부산에서 보내야 할 경우도 있었다. 이 기간에는 업무 외에 휴식을 하며 긴장감을 늦추기도 했지만, 부산에서만 즐길 수 있는 특별한 경치를 찾아 돌아다니기도 했다.

  사신들이 주로 찾았던 장소 중 동래부와 가까운 지역으로는 동래 정씨 관련 유적, 학소대鶴巢臺, 금정산성 등이 있었고, 기타 해안가 명소로 다대포진이 있었던 몰운대沒雲臺, 개운진의 과해정 등지가 있었다. 그 외의 경승지 대부분은 부산진 주변에 있었는데, 영가대永嘉臺, 태종대太宗臺, 해운대海雲臺, 만공단 등과 왜관倭館을 들 수 있다. 이 모든 곳을 다 살펴보기에는 무리가 있으므로 가장 인기를 얻었던 부산의 명소 몇 군데와 그곳에서 일상을 장식했던 사신들의 모습을 확인해 보도록 하자.

  사신들이 시간을 내어 방문했던 대표적인 장소 중 한 곳은 동래에서 지역 유지로서 오랜 기간 실세를 형성하고 있었던 동래 정씨의 연고지였다. 동래 정씨는 지역의 세가이기도 하면서 한편으로는 매번 통신사행 때마다 부산 지역에 머무는 사신들에게 작은 연향을 베풀어 위로한다든지 체류하는 기간 동안 소요되는 물품이나 인력들을 조달하는 일에도 일정 부분 관여하고 있었다. 또 일부 인사들은 직접 사행 구성원으로 참여하여 역할을 하기도 했다. 이 때문에 동래 정씨 가문과 관련된 장소, 흔적이 남겨진 곳을 사행 구성원들이 방문하는 것은 당연한 일이었을지 모른다. 그중에서도 동래 정씨의 시조묘인 정문도鄭文道 묘를 가장 많이 찾았던 것을 확인할 수 있다.

정문도의 묘가 있는 화지산華池山 만세암萬世菴 앞에 자라는 소나무, 전나무꽃과 대나무라든지, 평야와 큰 바다가 바라보이는 풍광, 뜰 앞에 푸르고 노란 열매를 주렁주렁 매단 귤나무의 모습은 통신사들에게 감탄을 자아내기에 충분했다. 특히 동래부의 호장戶長 정문도의 묘지가 있는 곳은 지맥이 화지산으로부터 구불거리며 들어와, 우뚝 솟았다가 빙 돌아 다시 하나의 기다란 유혈乳穴을 이룬 명당明堂 중의 명당으로 칭찬 일색이었다. 좌청룡과 우백호의 지세, 내당內堂의 물이 빙빙 돌아서 동구로 나갔다가 도로 백호를 돌아 바다로 들어가는 모습, 앞뒤에는 도와주는 산들이 둘러싸고 있는데, 특히 큰 바닷물 한 줄기가 명당을 향하여 들어오는 형세에 대해서는 많은 사행원이 혀를 내두를 정도였다.

이런 명당에 위치한 동래 정씨 시조묘의 모습은 동래 정씨가 그만큼 지역 내에서 굳건한 입지를 갖춘 세가였음을 뒷받침해 준다. 때문에 이곳을 단순한 명소로 보고 찾는 사람들도 있지만 사행원들이 부산 지역에서 머무는 동안 무탈하기를 바라며 지역 내에서 동래 정씨들의 노고를 기리는 의미에서 참배하는 경우도 있었다.

한편 부산 지역에는 경치가 뛰어난 곳에 대臺가 많다. 몰운대·해운대·영가대·태종대를 비롯하여 학소대鶴巢臺·자성대子城臺·이기대二妓臺·신선대神仙臺·의상대義湘臺·오륜대五倫臺·강선대降仙臺·겸효대謙孝臺 등은 '부산 8대', 혹은 '부산 12대'로 명명한다. 아마도 부산이 산·강·바다를 모두 접하고 있어 절경이 뛰어난 지역이기에 그 경치를 관람하기 위한 장소들이 명소로 이름을 얻은 것으로 추정된다. 사행원들에게 이런 장소들을 모두 둘러볼 만큼의 여유는 없었기에 발선 전에 머물렀던 부산진 지역을 중심으로 근처의 이름난 대들을 둘러보는 정도로 여유를 즐겼다. 이 장소들을 중심으로 통신사들이 만끽하였을 일상 속의 금쪽같은 여유를 간접적으로나마 느껴 본다.

몰운대는 낙동강 하구의 가장 남쪽에서 바다와 맞닿는 곳에 자리 잡고 있다. 이곳은 16세기까지는 몰운도라는 섬이었으나, 그 후 낙동강에서 내려오는 흙과 모래가 쌓여 다대포와 연결되

김윤겸, 《영남기행화첩》〈몰운대〉, 문화재청 국가문화유산포털에서 전재

면서 육지가 되었다고 한다. 이 일대는 지형상 안개와 구름이
자주 끼어 앞이 잘 보이지 않는 경우가 많은데, 안개와 구름에
잠겨서 보이지 않는다고 하여 몰운대沒雲臺라고 이름하였다. 몰
운대 앞바다는 조선시대 국방의 요충지로서 임진왜란 시기인
1592년에는 격전이 벌어지기도 한 곳이며, 이순신의 선봉장이
었던 충장공 정운鄭運도 이 앞바다에서 500여 척의 왜선을 맞아
싸우다가 순국하는 등 역사의 한 장면이 연출된 곳이다.

이런 역사적인 내막을 모를 리 없는 통신사들이었기에 그 의미를 되새기기 위해 몰운대를 찾았다가 뛰어난 경치에 또 한 번 반하여 재차 방문하기도 하였다. 그래서 한 번은 멀리서나마 살펴보기 위해 땅을 밟아 가고, 한 번은 그 풍광을 즐기기 위해 배를 타고 찾아보는 곳이기도 했다.

특히나 몰운대와 해운대는 이곳을 찾아본 사행원들의 입에 여러 차례 오르내린 경승지였기 때문에 어느 곳이 더 절경인가로 의견을 다투기도 했다. 사행원들에게 논의의 대상이 되었던 또 다른 장소, '해운대'는 여기 대를 만들었다고 하는 고운孤雲 최치원崔致遠의 자를 따서 이름한 곳으로, 현재 이 주변은 동백섬이라고 불린다. 동백섬 아래로 내려가다 보면 최치원이 새겼다고 하는 석각을 현재도 볼 수 있다. 세월의 흔적에 마모가 심해졌지만, 주변의 풍광은 여전히 아름다워 부산진성에서 사신들이 굳이 이곳까지 유람 온 이유를 짐작할 만하다.

한편 영가대와 태종대는 몰운대나 해운대보다는 부산진성과 훨씬 가까이 있어 접근성이 좋았기 때문에 여흥을 즐기기에 좋은 장소였다. 그래서 통신사들이 이곳을 찾을 때는 음식과 술, 음악에 더하여 기생들을 동원하여 춤까지 다 갖추어 즐기는 경우가 많았다. 더욱이 부산진성과도 가까운 곳이라 부산진첨사가 수군진들과 직접 접대하기에도 편리한 곳이었다. "저녁에

그림 5 김윤겸, 《영남기행화첩》〈태종대〉, 문화재청 국가문화유산포털에서 전재

세 사신이 같이 영가대에 올라 달을 구경하며 기악妓樂을 베풀고 두어 순배 술을 들다가 파하고 돌아왔다”, “종사관 및 첨사와 더불어 수사의 전선을 타고 태종대에 가서 놀았는데, 대양大洋을 굽어보니 쓰시마섬이 바다 구름 사이에 아물거렸다. 달빛을 받으며 취해 돌아왔다”라고 한 것처럼 첨사가 직접 작은 연회를 베풀어 준다든지 수군진의 배를 내어 바다에서 유람할 수 있는 배려를 한 모습을 사행기록에서 종종 찾을 수 있다.

배를 띄운 후, 바람을 기다리며 보내는 일상

예조에서 택일해 준 배를 타기 좋은 날, 이날에 배가 바로 출발하여 일본으로 가는 일은 거의 없었다. 이날은 사실상 통신사선이 바다에서 안정적으로 운행할 수 있을지 시험하는 날이었다. 해당 일자에 삼사신은 국서를 받들고 배 위에 기치를 진열하여 대취타大吹打를 울리며 일본으로 들어가는 의례를 시연한다. 이때 부산첨사와 경상좌수사의 전선이 도열하는 가운데 통신사선은 바다 밖 5-10리 정도까지 나갔다 돌아온다.

사실 택일해 준 날에 배를 띄울 수조차 없는 경우도 많았다. 바다라는 공간은 바람과 해류에 의해 끊임없이 변화하는 공간이기 때문이다. 그래서 통신사선이 쓰시마섬으로 들어가기 전 알맞은 바람과 해류를 기다리는 시일도 많이 소요되어 어떤 때는 두 달이 넘게 걸리는 경우도 있었다. 이렇게 기다림이 긴 경우에는 사신단들도 휴식과 주변 유람으로 일상을 보내기도 하였다.

사신들은 대개 발선하기 직전 언저리에는 초량의 빈일헌에서 기거하며 지루한 일상을 보냈다. 이곳은 통신사선을 호송하는 일을 담당하는 쓰시마인들에게 접근성이 좋은 곳이었기 때문이다. 이곳에서 기거하는 동안은 사신단들이 왜관 주변을 둘러보거나 왜관 안으로 들어가 호송왜인의 간소한 접대를 받기도 했다.

하지만 땅을 밟으며 이런 일상의 여유를 부리기도 잠시, 일본 뱃사람이 배를 띄워야 한다는 소식을 급하게 알려오면 남은 짐도 제대로 챙길 시간 없이 배를 향하여 달려야 했다. 배가 출발하는 순간은 이전의 축제 같은 분위기가 사라지고 어느새 이별의 인사와 눈물로 채워졌다.

한편 발선하고 난 이후라도 갑자기 바람이 좋지 않아 다른 해안으로 정박하여 대기하는 일이 허다했다. 주로 바람을 피하기 좋은 다대포에서 정박하는 경우가 많았다. 이럴 때는 배 안에서 대기했는데, 비가 오고 바람이 궂은 날씨에는 비가 그치고 순풍이 불기를 기다리는 통신사들의 고단한 모습도 종종 기록되어 있다. 해신제가 끝나고 좋은 바람에 배를 띄웠건만 곧바로 배가 쓰시마섬으로 향할 수는 없는 상황, 배 안에서의 생활이 익숙하지 못한 사신단들은 그 고단함이 갑절은 되었을 것이다.

3

일본 사행로의
첫 기착지,
쓰시마섬

섬 안은 지세가 비좁고 사방에 산이 둘러 있다.
민가가 매우 많아 천여 호가 되었다.
앞바다에는 큰 배 10여 척과 거룻배 60여 척이
대어 있었다.
도주의 집에서 바다까지는 겨우 1리쯤 되었으며,
선소에서 관사까지는 7-8리가량 되었다.

— 이경직, 『부상록』

부산에서 쓰시마섬 후추로의 항해

그림 6 조선통신사역사관 내 〈조선통신사의 길〉을 참고해 재구성한 행로

통신사행록들을 살펴보면 부산을 출발하여 쓰시마섬 북부까지 항해하는 데 대체로 10-12시간이 소요되고 있다. 북부 지역 중에서도 최초 도착지는 이즈미우라泉浦, 와니우라鰐浦, 사스나우라佐須奈浦, 시시미우라志志見浦였으며, 최종 목적지인 이즈하라의 후추府中를 향해 가는 도중에도 여러 포구를 경유하거나 정박하였다.

쓰시마섬 북부에서 후추로 가는 길에 통신사선이 정박하거나 경유한 곳은 앞서 언급한 북부 지역 네 군데의 포구 외에 오우라大浦, 도요우라豊浦, 니시도마리우라西泊浦, 긴우라琴浦(현재 고토우라), 사가우라佐賀浦, 시오우라鹽浦, 요시우라芳浦, 스미요시住吉, 가모세鴨瀬, 후나코시우라船越浦 등으로, 15곳이 넘는 포구들에서 통신사들은 쓰시마인들과 풍경, 풍습 등을 경험하였다.

신시 말에 사스나포佐須奈浦 어귀에 당도하자 작은 일본배 20-30척이 좌우에서 끌어당겨 초경 말에 선소에 정박했다.

— 조엄, 『해사일기』

그림 7 〈한선개범도韓船開帆圖〉, 구사바 하이센 지음, 편용우 외 옮김, 국립해양박물관 엮음, 『쓰시마일기』, 민속원, 2017, 103쪽에서 재인용

    앞의 【그림 7】은 1811년(순조 11), 통신사선이 조선으로 돌아가기 전 쓰시마섬에서 예인선과 호송선을 갖추어 뱃길을 인도하는 모습이다. 비단 귀로뿐 아니라 통신사선이 포구에 도착했을 때, 다른 포구로 이동할 때, 암초 지대를 알려줄 때도 쓰시마

섬 예인선과 안내선이 동원되곤 했다.

종착지인 후추 앞바다에 통신사선이 이르면 도주와 이테이안 以酊菴의 장로승이 채색선을 타고 나와 통신사선을 맞이했다. 배에서 서로 맞이할 때에는 읍례를 행하는데 도주와 장로가 두 번 읍례를 하면 통신 정사·부사·종사관도 두 번 읍례로 답하였다.

후추는 현재의 이즈하라에 있다. 15세기 후반에 쓰시마도주 소 사다쿠니宗貞國가 자신의 본거지를 사카에서 이곳으로 옮기면서부터 중심지가 되었다. 통신사들은 후추에 대해 "사람이 많은 도회지", "고기잡이하는 배가 줄지어 있는 어업 도시", "상선이 드나드는 중개무역 도시"로 기록하고 있다.

통신사들이 후추에 발을 내딛으면 본격적인 사신 업무가 그들을 기다렸다. 업무를 행하기 전 사신들은 후추에 마련된 숙소로 안내되어 대기하며 일상을 보냈다.

통신사들의 숙소 '세잔지西山寺', 막부를 대신한 감찰기관 '이테이안以酊菴'

통신사선이 차례로 후추 선소에 배를 대면 도주가 먼저 배에서 내린 후 사신들도 뭍에 내리기를 청하였다. 그러면 삼사신이하 구성원들은 국서를 받들고 풍악을 울리며 숙소인 세잔지로 향했다. 세잔지라는 이름은 1512년(에이쇼 9) 제10대 도주 소 사다쿠니의 부인이 사망하자 그녀의 불교식 이름을 딴 것이라 한다. 신유한은 세잔지의 명칭에 대해 '관부의 서쪽에 있고 산에 의지하여 지었으므로 서산사西山寺라 한다'라고 기록하고 있다.

세잔지는 언덕 위에 있지만 방과 벽이 겹겹이 있어 사행원들이 모두 머물 만한 규모였다. 이곳에서 처음 접대받는 음식은 밥·국·채소·생선·과일 등 20여 가지 정도로, 쓰시마섬 소동小童이 상에 내오곤 했다. 입맛이 달라 음식을 잘 먹지 못하는 사람들도 있었지만, 사신들 대부분은 숙소에 머무는 동안 음식의 정갈함과 접대의 정성스러움에 만족하였다.

그림 8 이성린, 《사로승구도》〈대마주서산사對馬州西山寺〉(1748년 2월 24일 도착), 국립중앙박물관 e뮤지엄에서 전재

언덕에 자리한 세잔지에서 아래를 내려다보면 후추의 전경이 한눈에 들어온다. 이곳에 막부를 대신해 조선과의 교류 상황을 감찰하는 이테이안이 함께 자리하고 있었다. 이테이안은 승려 겐소玄蘇가 1611년(게이초 16) 쓰시마섬에 마련한 암자로 겐소가 태어난 1537년(덴분 6)이 '丁酉'년이므로 한자를 인용하여 암자의 이름을 '以酊'이라 했다고 한다. 국서개작사건(柳川一件)이 발생한 이후에는 쓰시마섬의 외교문서 작성 및 위조를 감시하기 위해 막부가 이곳에 승려를 교대로 파견하였다.

후추성 안에서 치러지는 행사 등 특별한 일이 없을 때 사신들은 세잔지에 머물면서 휴식하였고, 간간이 개별적으로 찾아오는 쓰시마섬 관원들과 소담하게 필담창화를 하기도 했다. 이테이안은 1811년 마지막 통신사행 때는 막부에서 보낸 관리들이 머무는 숙소 역할을 하기도 했다.

후추에서 행해지는 통신사 하선연下船宴

일본 사신들이 왜관에 오면 접대 의례가 행해지듯 통신사도 후추에서 접대를 받았다. 이곳에서의 첫 의례는 사신들이 배에서 무사히 내려 도착한 후 행해지는 하선연이었다. 준비가 되면

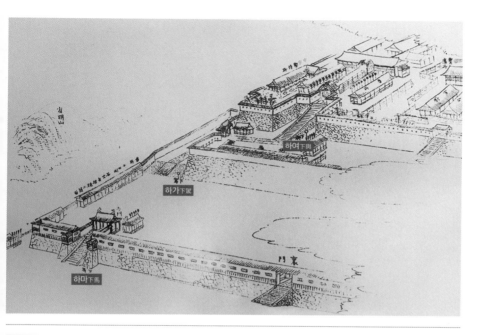

그림 9 쓰시마섬 후추성, 구사바 하이센 지음, 편용우 외 옮김, 국립해양박물관 엮음, 앞의 책, 378-379쪽에서 재인용

쓰시마도주는 봉행奉行을 보내어 사신들을 후추성으로 안내했다. 대부분의 사행록에는 후추성이 아름답고 사치스럽다고 표현하고 있다. 삼사신이 의관을 갖추고 가마에 올라 행렬을 구성하여 행차를 하면 구경하러 나온 남녀들이 3-4리나 이어졌다고 한다.

일행이 후추성 대문의 '하마下馬'라고 쓴 목패 앞에 서면 말을 탄 사람들은 일제히 내려 걸어 들어갔다. 두 번째 세번째 문에 이르면 '하가下駕', '하여下輿'라고 쓴 목패가 있고, 삼사신은 여기에서 가마에서 내려 의례가 행해지는 장소로 이동했다.

행례는 기본적으로 도주와 삼사신이 동서로 마주 보고 서로 두 번 읍례를 행하였다. 한편 1719년(숙종 45), 통신사행 때 읍례를 행하는 위차 때문에 문제가 된 적이 있었다. 삼사신과 도주가 동서로 마주 보고 서는 것이 예에 맞지 않다는 이유에서였다. 이후 도주가 약간 남면南面하여 예를 행하도록 조선 측 요청이 있기도 했다. 북쪽이 가장 상석이기 때문에 국왕사절인 통신사의 위차가 약간 북쪽에 자리 잡는 것이 예에 어긋나지 않는다는 것이었다.

의례가 끝나면 공식 연향과 사연私宴이 이어졌다. 사행원들은 대체로 공연公宴보다 사연에서의 음식이 더 나았다는 평가가 많았다. 사연에서는 원래 제술관이 재배하면 도주는 앉아서 답례를 하였는데, 1719년 사행 때 제술관이었던 신유한이 문제를 제기하면서 그 이후로는 제술관이 그 자리에 가지 않게 되었다고 한다. 연향 때 삼사신 외 군관과 다른 원역들은 후청後廳에서 별도로 상을 마련하여 음식을 즐기고 마쳤다.

1811년 역지통신 접대를 전담한 쓰시마섬

마지막 통신사행으로 알려진 1811년 사행은 사신이 에도까지 가지 않고 쓰시마섬에서 모든 의례가 행해졌다. 이렇게 의례 장소가 바뀐 탓에 마지막 통신사행을 '역지통신易地通信'이라고 한다.

쓰시마섬은 매번 통신사 초빙 시기가 결정되면 그때부터 사신을 맞을 준비를 했다. 숙박에 필요한 임시 가건물 제작, 선창 보수 등 준비 과정도 소요되었지만, 통신사가 귀국한 후 뒷마무리까지 포함하면 쓰시마섬의 통신사 접대 기간은 평균 3년 이상이었다. 그런데 1811년 통신사행은 쓰시마섬이 막부를 대신하여 모든 행사를 전담하였기 때문에 수고와 부담이 몇 배나 가중되었다.

인력이 몰려들면서 시설 문제도 발생하였다. 통신사 구성원들 인원수는 줄어들었지만, 의례가 끝날 때까지 이들이 장기체류하게 되면서 숙소, 의례 장소 등이 이전보다 추가로 필요한 상황이 되었다. 또 연향에 필요한 음식을 준비하는 요리사, 기술자, 임시 고용인들까지 몰려들었고, 막부에서 파견한 관리, 통신사와의 교류를 위해 지방에서 찾아온 학자들까지 수용해야 했으므로 쓰시마섬은 포화상태가 되었다. 쓰시마섬은 이 행사를 위해서 조선 측, 막부 측 사신 등의 숙박 시설 마련, 후추성 개축, 목욕·소방 시설 및 선박 격납 공간, 항만 정비부터 연향 기물과 식료품 마련에 이르기까지 엄청난 비용을 지출했다고 한다.

1811년 통신사가 쓰시마섬에서 새로이 하게 된 대표적인 행사는 국서전달식이었다. 국서전달식이 행해지면서 그전까지 하선연을 행하던 절차와 다소 변경된 부분도 있었다. 행렬이 후추성으로 들어갈 때 이전에는 상관上官 이하는 첫 번째 문에서 말에서 내리고, 삼사신은 두 번째 문에서 가마에서 내렸는데, 마지막 사행에서는 정사와 부사가 세 번째 문 앞에서 가마에서 내렸다. 그리고 문에서 현관까지는 우스베리薄緣 깔개(짚으로 짠 돗자리 가장자리 천을 휘갑친 깔개)를 깔았다. 국서전달식이 행해지는 대청까지 정사와 부사가 들어가면 의례가 거행되었다.

국서전달식이 끝나고 며칠 후에는 쓰시마섬 측에서 연향을 베풀어 주었다. 이후 회답서계를 받고 통신사들이 귀로에 이르기까지 쓰시마섬에서의 크고 작은 접대들은 지속되었다.

4

이키섬을 거쳐
일본 본섬
시모노세키에 이르다

푸나무로 이루어진 숲과 구름, 안개가 모두 시원스럽고 밝으며, 그윽하고 청초하여 보는 사람이 황홀해져 정신을 잃을 지경이었으니, 항해해 온 이후 처음 보는 신선의 경지였다.

— 신유한, 『해유록』

11차 사행까지 필수 경로였던 이키섬壹岐島,
배로 만들어 낸 육지

    1811년 마지막 통신사행이 쓰시마섬까지만 가는 것으로 제한되어 사행길이 에도까지 이어지지 못한 상황을 제외하면, 11차례의 통신사행에서 한 번도 빠짐없이 거쳐 간 지역으로 이키섬을 꼽을 수 있다. 이키섬은 바다를 건너 본섬으로 들어가는 과정 중 거쳐야 하는 필수 경로였기 때문이다.

    이키섬은 쓰시마섬에 비해 면적은 좁았으나 토산물이 풍부하고 곡식 생산도 쓰시마섬보다 많았다고 한다. 하지만 통신사선이 정박하는 선창은 물이 얕아 배를 댈 수 있도록 준비를 해

이성린, 《사로승구도》〈일기도풍본포—岐島風本浦〉(1748년 3월 17일 도착), 국립중앙박물관 e뮤지엄에서 전재

야 했다. 가장 오랜 기간 이키섬에 머물렀던 1763년의 사행에
서 조엄이 쓴 『해사일기』에는 이키섬의 선창에 대한 설명이 자
세한데, "우리가 배를 댄 곳은 물이 얕았으므로 이키섬에서는
작은 배들을 가로로 배치하고 죽교竹橋를 30여 보나 길게 설치
하였는데, 이곳 사람들이 밤낮으로 지켜서 밝은 등불이 떠나지
않는다"라고 하였다. 신유한도 『해유록』에서 "포구에 물이 얕아
배가 들어갈 수 없으므로 배를 수십 척 이어서 육지처럼 보였는
데, 그 위에 판자를 깔고 좌우에 대나무로 난간을 만들었다"라
고 기록하고 있다. 이성린의 《사로승구도》 중 〈일기도풍본포〉

(【그림 10】)에도 배들로 줄지어 만든 선창이 잘 나타나 있다. 물이 얕은 포구에서 통신사선을 맞이하기 위해 정성으로 준비한 이키섬의 노력이 엿보이는 모습이다.

좁은 섬이라 해도 이키섬에서 통신사들에게 마련해 준 객사와 베풀어 준 접대는 결코 빈약하지 않았다. 통신사들이 조선으로 돌아가면 모두 다 허물어 버릴 객사였지만 100여 칸이나 되는 건물을 정교하게 만들었고, 방마다 목욕하는 곳, 세수하는 곳, 차를 끓이는 곳과 화장실을 마련하여 불편함이 없도록 만전을 기하였다. 이곳에서 통신사들은 별미로 스기야키杉焼(삼자杉煮: 승기악勝妓樂)도 맛보았다. 왜관에서도 일본인들에게 대접을 받고는 했던 음식인데, 삼나무로 만든 통에 생선과 나물, 해조류 등을 섞고 일본식 된장인 미소를 풀어 끓인 탕이었다. 그 맛에 대해서는 '기악(妓樂)을 이긴다'는 뜻의 '승기악勝妓樂'이라는 조선식 명칭에서도 볼 수 있듯이 통신사들 대부분이 흡족해하였다.

조엄은 이키섬의 전통놀이인 '고래잡이 놀이(捉鯨戲)'를 구경하기도 했다. 이 놀이는 작은 배 수십 척이 마치 고래를 뒤쫓아 가는 모습으로 빙 둘러싸고 나아가는데, 나는 듯이 빨리 노를 저으며 일본어로 구령을 붙였다. 정말 고래를 잡을 수 있을지는 의문이었지만 조엄은 당시 이들이 노를 젓는 속도, 쏜살같이 나아가는 배의 속도에 감탄하기도 했다.

대한해협을 뒤로하고 바라본 아이노섬藍島(현재 相島)의 등불

　일본 본섬으로 들어가기 전 대한해협을 마지막으로 마주하는 장소가 아이노섬이다. 아이노섬은 직전 기착지였던 이키섬보다 번영한 섬이었지만 대한해협의 거친 물살 때문에 풍랑 피해를 자주 입는 곳이기도 했다. 이 때문에 아이노섬에서는 통신사선이 올 때를 기다려 상당히 많은 예인선을 내보냈다. 하지만 1763년 사행에서는 풍랑이 너무 험한 탓이었는지 아예 예인선조차 마중 나오지 않아 통신사선이 꽤나 곤혹을 치르기도 했다. 그래도 화려한 객관과 풍성한 음식, 아름다운 경치는 이내 통신사들의 마음을 누그러뜨렸다.

그림 11　이성린, 《사로승구도》〈남도藍島〉(1748년 4월 2일 도착), 국립중앙박물관 e뮤지엄에서 전재

아이노섬은 【그림 11】처럼 삼면이 산으로 둘러싸이고 가운데 민가가 바다를 향해 자리한 곳으로, 신유한은 1719년 사행에서 "푸나무로 이루어진 숲과 구름, 안개가 모두 시원스럽고 밝으며, 그윽하고 청초하여 보는 사람이 황홀해져 정신을 잃을 지경이었으니, 항해해 온 이후 처음 보는 신선의 경지"라고 감탄할 정도였다. 조엄도 『해사일기』에서 관사의 뒷산에 올라 소풍하면서 저녁노을이 산으로 돌아가고 거울처럼 맑은 바닷물이 자아내는 경치에 반해 화사畫師에게 그림을 그리게까지 할 정도였다.

신유한은 아이노섬에서 본 일본인들의 무덤에 관심을 가지기도 했다. 대나무 울타리와 꽃밭을 둘러보고 해변으로 내려간 그는 돌을 포개어 쌓고 목판으로 표지를 세운 일본인 무덤을 발견하였다. 일본인들, 특히 서민들의 무덤은 흙을 쌓아 봉분을 만들지 않고, 산에 못자리를 쓰지도 않았다. 대부분 물 아래나 길가에 돌을 쌓아서 시신을 매장하는데, 목판을 세워 표식으로 삼았다. 반면 어느 정도 신분이 높은 사람들은 구덩이를 만들고 돌을 깎아서 관을 짜 그 속에 넣고 깎은 돌로 덮어 매장했다. 그리고 비석을 세우고 사방에 난간을 설치하여 일반인들의 출입을 막았다고 한다.

밤의 아이노섬은 환한 등불들로 화려한 야경을 선사하였다. 캄캄한 밤이 되면, 배에 등불을 켜고 바다를 밝혀 물빛과 등불의 빛이 찬란하게 빛나는데, 조선에서 하는 광릉廣陵의 4월 초파일 관등놀이도 소소한 장난에 불과할 것이라고까지 할 정도였다. 통신사들은 아이노섬에서도 깨끗하고 화려한 객관에서 풍성한 음식을 비롯하여 융숭한 접대를 받았다. 조명채는 "국서를 받들고 관소로 들어갔는데, 모든 제구諸具의 정교하고 사치스럽기가 이키섬과 마찬가지이다"라고 하였지만, 대부분의 사행원들은 하나같이 이키섬보다 몇 배나 낫다고 기록하였다.

바닷길의 관문 시모노세키下關(아카마가세키赤間關)로

아이노섬에서 시모노세키(아카마가세키)로 가는 물길은 험난하여 조수와 암초와의 싸움을 치러야 하기도 했다. 1748년(영조 24), 조명채의 『봉사일본시문견록』에서는 이런 다급한 상황이 잘 그려져 있다. 당시 비가 내리는 데다가 날이 저물면서 통신사선이 암초에 걸려 생사가 위태한 상황에 이르게 되었다. 다행히 고쿠라小倉에 표박漂迫하여 위태로운 상황은 벗어나게 되었다. 이 일대는 예부터 수로상 위험한 구간으로 알려져 있었는데, 임진년(1592)에 일본인 수장의 배가 침몰하여 도요토미 히데요시가 돌로 표식을 세우고 그곳을 지나가는 배들에 경계하게

그림 12 이성린, 《사로승구도》〈소창小倉〉(1748년 4월 5일 도착), 국립중앙박물관 e뮤지엄에서 전재

했다는 일화도 전해진다.

한편 고쿠라는 위의 【그림 12】처럼 위태함 속에 아름다운 풍광을 담고 있는 곳이기도 했다. 조명채는 "고쿠라는 서남간에 있는데, 흰 칠을 한 집의 높은 담이 그림처럼 잇달아 늘어서 있고, 흰 모래와 푸른 소나무가 10리 거리에 평평하게 깔려 있다"라고 풍광을 묘사했다. 이어 고쿠라성에 대해서도 "5층 누각이 숲의 나무 끝에 높이 솟아 있는데, 곧 태수가 유람하는 곳이라 한다"라고 하였다. 그림에서 가운데 우뚝 솟아 있는 고쿠라성 천수각의 모습이 당시의 풍광을 잘 느낄 수 있게 해 준다. 고

쿠라는 통신사의 주요 숙박지는 아니었지만 이처럼 불시에 불의의 사고가 발생할 수 있는 곳에 위치하고 있어 통신사행이 종종 거쳐 가는 곳이었다. 이 때문에 현재도 거리에서 통신사 행렬 그림을 어렵지 않게 접할 수 있다.

시모노세키는 육상·해상 교통의 요지로 잘 알려져 있다. 통신사들이 사행할 당시에는 아카마가세키라는 이름으로 불렀다. 아카마가세키의 요충지적인 성격에 대해서는 많은 통신사가 기록으로 남기고 있다. 신유한은 "이곳은 바닷길의 요새로… 서해도의 목덜미에 해당하므로 해군 수만 명을 배치하여 외곽을 정찰하고 방어를 하면 천연의 기지가 된다"라고 하였고, 1763년 원중거는 이곳을 다녀가면서 "진구황후神功皇后 때 동서를 터서 바닷길이 통하여 운하가 되었고 나루터도 생겼다. 인구가 많지는 않지만 부유한 상인이 많고 온갖 물자를 수송한다"라고 하였다. 조명채 또한 "동쪽으로는 산기슭을 이어서 에도江戸로 통하고, 서쪽으로는 이키섬으로 뱃길이 닿고, 남쪽으로는 부젠豊前을 끼어 바다 어귀를 누르고 있으니, 참으로 천연의 험조처(險阻)이다"라고 하여 아카마가세키의 군사·교통상 요충지적인 특성을 이미 잘 알고 있었음을 확인할 수 있다.

이런 특징 때문에 시모노세키는 '작은 오사카'라고 불리기도 했다. 도시의 번성함은 익히 알려져 1607년 통신사였던 경섬

그림 13 이성린, 《사로승구도》 〈적간관赤間關〉(1748년 4월 5일 도착), 국립중앙박물관 e뮤지엄에서 전재

은 민가와 시장의 번성함, 바닷가에 늘어선 장삿배를 보며 강남 지역 명승지에 비교하기도 했다. 1763년 통신사였던 조엄 또한 민가가 잇대어 있고 장삿배가 모여 들어찬 모습을 조선의 용산·마포와 같다고 하였다.

시모노세키의 대표적인 특산품으로는 벼룻돌이 있다. 이 벼룻돌은 붉은색, 혹은 푸른색을 띠는데 윤기가 났다. 벼룻돌이 어찌나 유명한지 시모노세키 일본인들은 통신사들에게 글씨나 글을 부탁하면서 벼루를 선물하는 일이 잦았다. 이런 유명세로 시모노세키 바다는 '硯(벼루 연)'자를 써서 '연수포硯水浦', 혹은 '연

지해硯池海'라고 불릴 정도였다. 하지만 조엄은 시모노세키산 벼룻돌이 조선의 남포산 벼룻돌보다 못하다고 여기며, 외국산 물품에 열을 올리는 풍조를 한탄하기도 했다.

시모노세키의 숙소 아미다지阿彌陀寺와 안토쿠천황 사당

시모노세키의 통신사 접대는 나가토번의 모리씨가 담당했으며, 숙소는 대체로 아미다지와 인조지引接寺가 이용되었다. 아미다지에는 주로 통신사 중 정사·부사·종사관 삼사신과 상관上官이 숙박했으며, 차관次官 이하의 관원들은 인조지를 숙소로 이용했다.

아미다지로 가는 길의 풍광도 사신들의 눈을 즐겁게 하였다. 조명채는 길 좌우에 늘어선 많은 주막, 비단옷과 채색옷을 입은 구경꾼, 수만여 호의 여염집, 흰 누각과 층층이 쌓은 담장에 눈을 뗄 수 없었다고 한다. 특히 오가는 장삿배들과 모여드는 화물을 봤을 때 오사카성大阪城에 버금간다는 말에도 수긍하였다. 숙소 또한 어찌나 화려했던지 1719년(숙종 44), 신유한은 숙소에 금병풍, 비단 장막에 푸른 모기장을 치고 마루에는 담요를 깔아 매우 사치스럽다고 하였다. 게다가 아미다지 주변의 자연 풍광 또한 아름다웠다는 기록이 많은데, 조명채는 아미다지 주변 섬돌 옆 대나무와 매화, 소철, 종려나무 등의 다양한 꽃나무가 기이하다고 하였다. 김지남 또한 절 앞뒤의 잣나무, 소나무, 동백, 대나무가 아름답게 어우러진 모습을 기록하였다.

이처럼 화려한 아미다지는 1748년 이후에는 삼사신의 숙소에서 제외되었다. 1748년 종사관이었던 조명채는 성중산聖衆山이라는 현판이 걸린 건물을 숙소로 사용했으며, 1763년 정사 조엄은 아미다지 옆 건물을 숙소로 사용하였다. 아미다지가 삼사신의 숙소에서 제외된 데에는 여러 가지 이유가 있겠지만 그 옆에 있던 안토쿠천황의 사당이 1711년 사행부터 비공개된 것과도 연관이 있어 보인다.

지금의 아카마신궁은 8살에 죽음을 맞이한 안토쿠천황을 모신 사당이다. 1180년(지쇼 4), 3세로 천황이 된 안토쿠천황은 1185년(겐랴쿠 2, 분지 1), 8세 되던 해에 자신의 외척인 헤이시平氏 가문이 겐지源氏 가문과 시모노세키 앞바다에서 마지막으로 벌인 단노우라 전투壇ノ浦の戦い에서 패하자 단노우라에 빠져 죽음을 맞이하게 된다. 당시 어린 천황이 바다가 무섭다고 하자 외할머니가 용궁에 놀러 가자며 천황을 안고 물속으로 뛰어들었다고 한다.

아미다지 옆에 만들어진 이 사당에는 안토쿠천황과 함께 사

그림 14 〈안토쿠천황연기회도安德天皇縁起絵図〉, 아카마신궁 소장

망한 사람들의 모습을 그려 놓고 제사를 지냈는데, 통신사들도
어린 천황의 죽음을 안타까워하며 사당에 모셔진 소상을 구경
하곤 했다. 1607년, 경섬은 안토쿠천황의 사당에서 승려들이 밤
새 불경을 외는 것을 구경했고, 1617년(광해 9), 이경직도 사당을
방문하여 안토쿠천황의 소상을 보았다. 1682년(숙종 8)에는 김지

남도 사당을 구경했는데, "사당 안에는 소상 하나가 있는데, 앉은 곳을 금으로 장식하고(순금으로 해·달·별과 여러 보물의 모양을 만들어 붉은 실로 꿰고, 전후좌우에 술을 드리웠다), 밤낮으로 등불을 밝힌다. 옆방에는 안토쿠安德와 미나모토노 요리토모源賴朝가 싸우던 모습인 단노우라 전투를 그려 놓았는데, 금빛 채색이 찬란해서 전투를 실지로 목격하는 것과 같다"라고 상세하게 기록해 놓았다.

통신사들의 안쓰러움과 안타까움을 유발하였던 이 사당은 1711년 사행 이후로는 일본 측에서 통신사들에게 공개하지 않았던 것 같다. 1718년, 신유한은 당시 안토쿠천황의 사당을 보여 주지 않는 것은 사당이 좁고 누추하여 수치스럽기 때문일 것이라고 생각했다. 1748년, 조명채는 일본인들이 자기 나라의 아름답지 못한 일을 남의 나라에 드러낼 수 없다고 하면서 보여 주지 않는다고 하였다. 1763년, 남옥은 사당을 구경하려고 시도했지만, 끝내 보지 못하였다.

번주의 화려한 다옥茶屋에 가려진
가미노세키上關에서의 식수 조달

아카마가세키를 나서서 통신사들은 다음 경유지인 가미노

그림 15 이성린, 《사로승구도》〈상관上關〉(1748년 4월 8일 도착), 국립중앙박물관 e뮤지엄에서 전재

세키로 이동하였다. 가미노세키는 마지막 사행인 1811년을 제
외하고는 거의 빠지지 않고 경유하는 곳이었다. 세토나이카이
瀬戸内海를 지나는 과정에서 식수와 땔나무를 마련하는 일은 아
주 중요했다. 세토나이카이는 연간 강수량이 적은 지역이었기
때문이다. 특히 도입부에 해당하는 가미노세키에서는 더더욱
물을 구하기 힘들었다. 이곳은 높은 산이 없어 금방 마르기 쉬
운 얕은 개울이 전부였다. 이런 이유로 가미노세키에서는 통신
사가 오기 전에 우물을 새로 파기도 하고, 물 운반용 수선水船을
일찍부터 준비하기도 했다. 통신사들도 여러 척의 배가 땔나무,

물, 생선, 채소 등을 싣고 와 기선에 옮겨 싣기를 요청받는 일을 다반사로 기록하고 있다. 이처럼 준비가 힘들었지만 일본인들의 입장에서는 경치가 아름답고 태수가 즐겨 찾는 다옥, 화려한 시설이 갖추어진 가미노세키를 접대처에 필수로 포함시켜야 했다.

사신들이 머물렀던 관소館所([그림 15]에서 서쪽)는 아카마가세키와 마찬가지로 접대가 융숭하고 화려하기 그지없었다. 객사의 중개축, 물품의 준비는 말할 것도 없고, 통신사들을 위해 장식품과 중국산 벼루, 화로, 족자 등을 갖추어 놓기도 했다. 관소의 모습에 대해서는 다음과 같은 기록이 보인다.

> 사신이 머무는 곳은 바로 다옥이다. 전부터 다옥을 객관으로 써 왔는데, 이번에 사신 일행을 위해서 새로 수백 칸 집을 짓고, 깔개와 병풍, 술과 음식, 그릇 같은 것이 모두 사치스럽고 화려하게 준비되었다.
>
> — 작자 미상, 『계미동사일기』(1643년)

선창의 만듦새는 아카마가세키와 다름없으나, 언덕에 돌둑을 쌓고 둑 위에는 대나무 난간을 둘렀다. 국서를 받들고 배에서 내려 관소에 들어가니, 관소는 태수의

다옥이다. 이 다옥은 태수가 에도에 왕래할 때에 머무
는 곳이라 한다. 접대하는 여러 물품이 대체로 아카마
가세키보다 조금 뒤지지만, 마루 안팎에 비단 포장을
겹겹이 드리우고, 툇마루에는 수놓은 자리를 깔았다.
멀리서 보면 담요 같고 가까이에서 보면 피륙 같은데,
털로 짠 것들이다.

— 조명채, 『봉사일본시문견록』

한편 관소의 서쪽에 자리 잡아 절경을 관람할 수 있는 누각
또한 사행록에서 빠지지 않는 기록거리였다. 누각으로 오르는
길은 가팔랐지만, 그곳에서 보이는 풍광은 사신들의 마음을 사
로잡았다.

사관 오른쪽 바다 어귀 바위 위에 푸른 나무가 우거진
속에 조그만 누각이 높이 솟아 있는데, 구름에 걸려 있
는 것 같아 보이니 참으로 절승絶勝이라 하겠다.

— 김지남, 『동사일록』

관소 서쪽에 2층 높이의 누각이 산을 등지고 바다를 굽
어보고 있어 자못 경치가 좋다. 하지만 두세 길 되는 높

은 사다리는 사람의 발자취로 닳아서 미끄러워 오르
내릴 때 매우 위험함을 느낀다.

— 조명채, 『봉사일본시문견록』

　가미노세키를 나서면 본격적으로 세토나이카이로 들어간
다. 하지만 바닷길은 녹록지 않았다. 삼사신 중 누구 하나 습병
이라도 생기면 사신선은 수참水站이 되는 포구에 정박하기 전에
여기저기 다른 포구에서 잠깐씩 임시로 머무는 경우도 많았다.
1748년 사행에서는 일본의 3대 나루 중 한 곳인 쓰와津和에서 예
정에 없던 정박을 하였다.

　이곳에서 통신사들은 위험한 바닷길을 무사히 지나기 위해

그림 16　이성린, 《사로승구도》〈진화津和〉(1748년 4월 10일 도착), 국립중앙박물관 e뮤지엄에서 전재

마련한 일본의 제도들을 접할 수 있었다. 어두운 밤에 뱃길을 이용할 때 산꼭대기에 지금의 등대와 같은 봉화烽火를 피우는 모습을 확인한 조명채는 불이 밤새도록 꺼지지 않아서, 밤에 가다가 길을 잃는 배로 하여금 찾아올 수 있게 한다고 설명을 덧붙이기도 했다.

한편 뱃길을 가는 도중 비를 만날 것을 대비하여 조선의 배는 대나무 같은 것으로 엮어서 배를 덮는 지붕 형태인 봉자蓬子를 비치하여 비가 오면 덮어서 운행하였다. 하지만 봉자 안은 너무 더워서 불편함을 호소하기 일쑤였다. 그에 비해 일본의 배는 두꺼운 종이에 방수가 될 수 있도록 붉은 칠을 한 우구雨具를 덮고 밧줄로 그물처럼 얽어서 편리해 보인다고 기록하고 있다.

지난한 바닷길은 이제부터 또 새로운 국면을 맞이한다. 이제부터 물길은 이전보다는 고요해진다. 이에 사신들도 조금은 더 일본의 풍광을 즐길 여유가 생기기 시작한다. 사행 임무 수행 중 세토나이카이를 지나는 통신사들의 여유를 다음 장에서 본격적으로 들여다보자.

5

일본의 바닷길,
세토나이카이를
가로지르다

내려다보면 해면海面은 아득하게 낮아 보이고,

海低何所極

고목은 다른 나무들과 함께 바다에 떠 있는 듯
하네.

樹老與同浮

하늘에는 달이 홀로 나를 손님으로 맞아 주고,

孤月留吾客

정박한 배들에는 수천 개의 등불이 밝게 빛나
는구나.

千燈繫群舟

— 홍계희, 대조루對潮樓에 기록한 한시 중

세토나이카이의 첫 방문지, 가마가리蒲刈

이성린, 《사로승구도》〈포예蒲刈〉(1748년 4월 11일 도착), 국립중앙박물관 e뮤지엄에서 전재

세토나이카이를 지나면서 통신사들이 가장 먼저 들르는 곳은 가마가리였다. 이곳에서 머무는 기간은 보통 하루 정도로, 오래 머무르지는 않았지만 통신사들의 이동을 위해 도로 양측에 조성한 행각의 난간에 드리우거나 이동 도로에 깔아 놓은 붉은 양탄자는 인상 깊은 장면 중 하나였다.

조명채는 선창에서부터 숙소로 이동하는 도중에 보았던 붉은 양탄자 장식과 화려한 네덜란드산 비단에 대해 다음과 같이 기록하고 있다.

> 가마가리의 선창에 배를 대니, 다락을 세 곳에 벌여 세워 세 사신의 배를 각각 매어 두게 하였는데, 난간을 설치하고 붉은 양탄자(氈)로 덮여 있다. 태수가 사자를 보내어 문안하고 이어서 뭍에 내리기를 청하므로, 비를 무릅쓰고 부사와 함께 정사의 배 선창에 나아가서 국서를 삼가 맞이하여 함께 모시고 가려 하였더니, 관소의 문에서 3-4칸쯤밖에 떨어지지 않았으므로, 그대로 걸어서 들어갔다. 새로 지은 행각行閣 20여 칸에 붉은 양탄자를 이어 깔고, 행각 좌우는 비단 포장을 늘어뜨렸는데 행각이 끝나고서 10여 층의 돌계단을 오르니, 드디어 관사가 있다. 부사와 내가 든 곳은 뒤쪽 행랑을 조

금 돌아서 있는데, 왕래하는 툇마루에도 붉은 양탄자를 깔았고, 칸막이 문에는 파랑·빨강·노랑의 세 가지 색으로 섞어 짠 포장을 드리워서 그 광채가 찬연하다. 이것은 바로 기묘한 무늬의 신식 비단인데, 네덜란드(阿蘭陀)에서 나는 것이라 하며, 이부자리 등도 다 이와 같다.

— 조명채, 『봉사일본시문견록』

붉은 양탄자는 통신사들에게 가마가리의 상징과도 같은 물품이었던 것으로 보인다. 하지만 너무 과해서 문제가 발생하기도 했다. 조엄이 1763년 가마가리에 갔을 때는 도로에 깔린 붉은 양탄자를 볼 수 없었다. 그 전 사행에 도로에 깔아 놓은 붉은 양탄자를 아랫사람들이 흙 묻은 발로 밟아서 너무 더러워졌기 때문에 다음 사행부터는 도로에는 깔지 않도록 당부했다는 이유에서였다.

숙소의 화려한 장식 또한 사신들의 눈을 어지럽게 했다. 조명채는 모기장마저 채색 실과 금갈고리로 드리우고, 뒷간까지 능화지綾花紙(마름꽃 무늬가 있는 종이)로 도배하고 다담茶毯으로 깔개를 깔았다고 하였는데 이를 통해 가마가리가 화려한 숙소를 준비한 상황을 알 수 있다. 이국 사행이 단 하루 정도 머물렀지만, 이처럼 최고의 접대를 하려고 한 모습은 곳곳에서 드러난다. 통신사들뿐 아니라 쓰시마도주를 수행하는 가신들도 가마가리 주민들의 민가에 머물렀는데, 자신의 집을 숙사로 제공한 주민들은 오히려 산속의 소나무·대나무숲에 임시로 가옥을 만들어 지냈다고 하니 통신사행에 얼마나 정성을 쏟았는지를 짐작하게 하는 대목이다.

통신사 일행에 대한 접대는 음식에서 가장 두드러졌다. 신

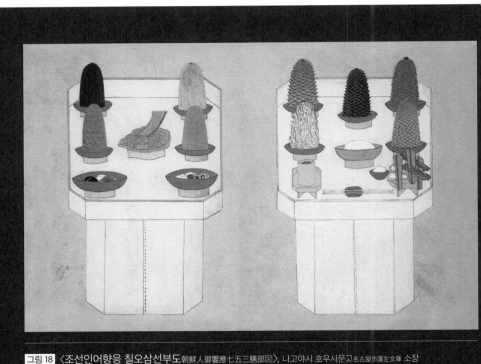

그림 18 〈조선인어향응 칠오삼선부도朝鮮人御饗應七五三膳部図〉, 나고야시 호우사문고名古屋市蓬左文庫 소장

유한은 "주방에서는 하루아침에 꿩 300마리를 바쳤는데 아카마가세키도 이와 같지 못했다"라고 할 정도였다. 가마가리에서는 신선한 음식 제공을 위해 꿩, 오리 등을 이웃 마을 주민에게 산 채로 잡아 오게 하고, 임시로 우리를 만들어 닭, 개, 돼지, 꿩 등을 사육했다고 한다. 1643년(인조 21) 사행에 참여한 황호는 접대 음식에 대해 다음과 같이 기록하고 있다.

> 처음에는 일곱 개의 그릇에 담긴 반을 올리는데 물고기나 채소를 가늘게 썰어 높이 괸 것이 마치 우리나라의 과일 반과 같다. 다음에는 다섯 개의 그릇에 반을 올리고, 다음에는 세 개의 그릇에 담긴 반을 올리는데, 물새를 잡아서 그 깃털을 그대로 둔 채 두 날개를 펴고 등에 금칠을 하며, 과실·물고기·고기 등에 모두 금박을 한다. 잔을 바치는 상에는 깎아 만들어 채색한 꽃을 쓰며, 혹 나무로 만들기도 하는데 천연색 꽃과 아주 흡사하다. 성대한 잔치에는 흰 목판 및 질그릇에 금은을 칠한 것을 쓰는데, 끝나면 깨끗한 곳에 버리고 다시 쓰지 않는다.
>
> ─ 황호, 『동사록』

통신사들은 일본 술에 대해 상당히 좋다는 평을 많이 남겼

다. 1643년 조경은 가마가리에서 대접받은 인동주에 감탄하기
도 했다. 인동주는 인동 꽃봉오리로 담근 약용주이다.

가마가리에서 내어 온 맛있는 인동주,

忍冬米酒出鎌刈

옥잔에 부어 온 것이 호박처럼 진하구나.

玉椀盛來琥珀濃

잠시 입술에 닿는가 했더니 목으로 넘어가는구나.

頃刻入脣通大道

어쩌랴, 한 섬을 삼키면 흉중을 넓힐 수 있을까.

何須呑石吐奇胸

천일주를 빚는 신선의 비법은 거짓으로 지어낸 말인 듯,

虛傳天日眞仙術

중산의 명주는 어쩐지 작은 속국에 불과하다.

始覺中山小附庸

만약 중국으로 가는 사신을 따라가 포도를 얻는다면,

安得葡萄隨漢使

좋은 맛의 술을 빚어 임금의 잔에 채우고 싶구나.

熏釀風味滿堯鍾

— 조경, 『동사록』

명승절경 도모노우라鞆浦(韜浦)

　세토나이카이에 있는 항로 중 조수를 타기 원활하고 중간
지점에 위치한 곳이 도모노우라이다. 도모노우라에서는 통신
사들이 평균 1박을 머물렀는데, 도모노우라로 들어갈 때는 밀
물을 타고, 이곳에서 나올 때는 썰물을 이용해 배를 움직였다고
한다. 도모노우라는 통신사들에게 훌륭한 경치로 많이 알려진
곳이었다. 1617년, 오윤겸은 "세토나이카이에는 경치가 훌륭한
곳이 많이 있지만 도모노우라가 가장 아름다운 곳이다"라고 하

그림 19 이성린,《사로승구도》〈도포韜浦〉(1748년 4월 15일 도착), 국립중앙박물관 e뮤지엄에서 전재

였다. 1711년, 조태억도 "도모의 경치가 참으로 아름답다고 들었는데, 일본에 와서 쓰시마섬에서 관동關東까지 둘러본 중에 여기 경치가 가장 훌륭하다"라고 했다. 이 때문에 1711년, 이방언은 '일동제일형승日東第一形勝'이라는 글을 써서 일본 측에 건네주었고, 이 글은 곧바로 편액으로 만들어 후쿠젠지福禪寺에 걸리게 되었다.

'일동제일형승' 편액이 걸린 후쿠젠지는 1636년 통신사행 이후로 삼사신의 숙소로 이용된 곳이다. 후쿠젠지 내에서도 영빈관이었던 대조루對潮樓에서 보는 경관은 특히나 아름다웠다. 대조루 앞은 아무것도 가리는 것 없이 확 트였는데, 동쪽으로는 작은 섬들이, 남쪽으로는 시코쿠의 산들이 펼쳐져 있어 멋진 풍광을 자아냈다. 1748년, 정사 홍계희는 에도에서 조선으로 돌아가는 길에 이 영빈관에서 본 풍광에 감탄하며 '대조루'라는 이름을 붙이고 직접 글씨까지 써 주었다. 홍계희는 도모노우라의 풍광을 두고 떠나야 하는 아쉬움을 뒤로하고, 두보杜甫의 「등악양루登岳陽樓」라는 시의 운자韻字를 따서 한시를 지었다.

선배들은 배를 타고 와서,

前輩同槎至

저마다 이 누각의 아름다움을 이야기하였네.

人人説此樓

내려다보면 해면은 아득하게 낮아 보이고,

海低何所極

고목은 다른 나무들과 함께 바다에 떠 있는 듯하네.

樹老興同浮

하늘에는 달이 홀로 나를 손님으로 맞아 주고,

孤月留吾客

정박한 배들에는 수천 개의 등불이 밝게 빛나는구나.

千燈繫群舟

새벽종이 울려도 사람들은 아직 일어나지 않고,

鍾鳴猶未起

은하수는 벌써 서쪽으로 기운다.

河漢己酉流

— 홍계희, 대조루에 걸린 한시 중

신유한은 도모노우라의 밤 풍경에서 특이한 구경꾼을 포착했다. 신유한이 에도로 가는 길에 도모노우라에 도착한 시각은 밤이었다. 바닷가에서 객사로 이르는 6-7리 길에는 겹자리를 깔아 티끌 하나 없었고, 긴 장대마다 큰 등불을 하나씩 달아 줄줄이 늘어세워 놓은 밤 풍경은 도모노우라를 대낮처럼 환하게 밝혀 주었다. 여느 곳과 마찬가지로 구경하는 남녀들이 길가를 메웠는데, 그중에는 장사꾼뿐 아니라 창녀娼女와 부유한 사람들이 운영하는 찻집이 눈에 들어왔다. 각 지역의 관원들이 왕래하며 머물기도 한다는데, 창녀가 운영하는 찻집이라… 조선에서는 분명 보기 드문 장면이었다.

한편 도모노우라를 지나는 해안가 절벽에는 반다이지盤臺寺라는 암자가 있다. 1748년, 조명채는 이곳을 지나다가 다음과 같은 글을 남기고 있다.

앞을 지나며 보니 푸른 벼랑이 마치 바다에 꽂혀 있는 듯하고, 그 위에 작은 암자가 외로이 붙어 있어, 은은한 종소리가 공중에서 나는 듯하다. 한 승려가 운문단雲紋緞 가사袈裟를 입고 배를 저어 마중 와서 흰 소반 하나를 바치는데, 거기 놓인 두세 폭의 종이는 축원하는 글이다. 여기는 해조산海潮山의 반다이지인데 축사를 바치고 쌀을 구걸하는 것이 예전 사신 행차 때부터 규례가 되었다. 3방[정사·부사·종사관]에서 각각 쌀 한 포와 종이·과일을 주어 보냈다. 대개 이 절의 승려는 오가는 행인이 주는 것을 받고 순풍을 빌어서 갚는데, 오는 사람에게서 받으면 서풍을 빌고, 가는 사람에게서 받으면 동풍을 빌기 때문에 왜인이 이것으로 속담을 지어서, 만약에 반쯤 올라갔다가 떨어져 내리는 일이 있으면, '반대사 기풍'이라 한다고 하니, 몹시 우습다.

— 조명채, 『봉사일본시문견록』

앞서 언급하였듯이 도모노우라 앞바다가 조수의 영향을 받는 상황을 잘 파악한 글이다. 한편으로는【그림 20】에 보이는 반다이지의 모습과 절경은 또 한 번 도모노우라의 풍광에 경탄케 한다.

그림 20 이성린, 《사로승구도》〈반대사盤臺寺〉(1748년 4월 15일 도착), 국립중앙박물관 e뮤지엄에서 전재

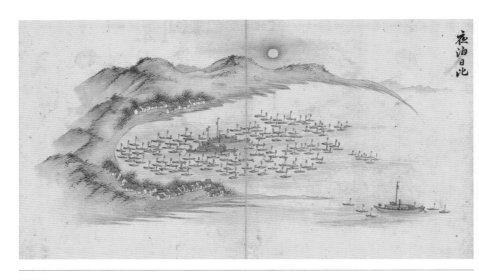

이성린, 《사로승구도》 〈야박일비夜泊日比〉(1748년 4월 16일 도착), 국립중앙박물관 e뮤지엄에서 전재

　　도모노우라로 오는 길도 그렇지만 다시 도모노우라를 출발
하여 우시마도로 이르는 바닷길에서도 물살과 바람과 날씨는
반다이지에서처럼 사신들을 두렵게 만들었다. 1748년, 조명채
는 매서운 바람으로 인해 히비日比에서 밤을 보내게 되자 그 두
려운 마음과 고국을 그리는 마음을 표현하기도 했다. 풍랑이 일
어 정사의 배는 소식이 없는데 【그림 21】에서처럼 히비 포구의
빛나는 등불과 밤 풍경은 너무나 아름다워 오히려 사신의 마음
을 더 울컥하게 만들었던 것이다. 타국의 바다를 항해하는 사신
행차의 희비가 엇갈리는 장면이다.

넓고 고요한 바다를 품은 우시마도牛窓

우시마도는 오카야마번에 속한 통신사의 숙박지로 평균 1일 정도 머물렀다. 조명채는 우시마도의 명칭 유래에 대해서, 오진천황應神天皇이 이 바다를 지나다가 소가 요사한 짓을 하는 것을 보았는데, 그의 신하 중에 장사가 있어서 쇠뿔을 뽑아 던져 버렸으므로, 그것이 이름이 되었다고 하였다.

우시마도에서 통신사들의 초기 숙박지는 혼렌지本蓮寺였다. 혼렌지에서의 정성스러운 접대는 통신사들을 만족시키기에 충분했지만, 경관은 그다지 만족스럽지 못했던 것 같다. 혼렌지는 수풀 속에 위치하여, 통신사들은 "돌층계가 벼랑에 걸려 있고 절이 수풀 속에 숨어 있다"라거나 "절이 막혀 있어 답답하였다"라고 기록하기도 했다. 이 때문인지 1682년 사행부터는 숙박지가 오카야마 번주의 다실茶室로 이용되었던 오차야御茶屋로 변경되었다. 오차야에서 보는 풍광은 감탄을 자아냈다. 조명채는 바다가 넓고 고요하여 마치 한수漢水와 같다고 하였다. 특히 모래 여울에 아른거리는 2개의 섬은 떨어져 있지만 움직이며 가까이 붙는 듯하여 더 기이함을 자아냈다. 조명채는 이렇게 아름다운 산수가 문신文身을 새기는 오랑캐의 소굴에 있다고 하며 안타까운 마음을 사행록에 담아내기도 했다.

이성린, 《사로승구도》〈우창牛窓〉(1748년 4월 17일 도착), 국립중앙박물관 e뮤지엄에서 전재

　　이런 아름다운 산수에 더해 이 지역 문사들의 시문창화 능
력 또한 다른 지역에 비해 뛰어나서 타 지역보다 훨씬 많은 필
담창화집이 남아 있다고 한다. 1682년의 『화한창수집和韓唱酬
集』, 『우창시牛窓時』, 1711년의 『우전창화시牛轉唱和詩』, 1719년의
『상한창수집桑韓唱酬集』, 1748년의 『무진사록戊辰槎錄』, 1764년의
『사객평수집槎客萍水集』 등이 대표적이다.

　　우시마도에서 다시 배로 출발할 때 통신사들을 기쁜 마음으
로 호송해 주는 우시마도 호예선의 모습은 사행길의 피로를 씻
게 해 주었다. 1682년, 역관 홍우재는 그 모습을 이렇게 기록하

고 있다. "6척의 배가 돛을 달고 북과 피리 소리를 일제히 울리니 그들도 이에 호응하여 함께 북을 치고 노래하고 춤추며 즐거워했다. 옷을 벗어 던지고 깃발을 휘두르고 장난치며, 동으로, 서로 달리며 노 젓기를 바삐 해댄다. 붉은 모자를 거꾸로 쓰고 흥겨운 모양이 각양각색이니 이 역시 볼 만한 일이며 호협하다 할 만하다."

6

바닷길과 육지길이
만나는
번화한 도시, 오사카

배 전체에 검은 칠을 했고, 처마와 기둥·난간과 문 및 선두·선미는 황금으로 장식을 했다. 처마에 색색으로 된 비단 장막을 쳤고, 4면 벽은 금색 종이를 발랐다.

그 사이에 사람과 화초·조수 등을 그렸는데, 붉고 푸른 빛이 영롱하고, 금 채색이 해에 비쳐 빛이 물 위에 흔들리며 그림자가 물결 아래 비쳐서, 사람의 마음을 설레고 어지럽게 하여 쳐다볼 수가 없다.

— 김지남, 『동사일록』

바닷길의 끝

세토나이카이의 마지막 기항지인 무로쓰室津에서 동쪽으로 노를 더 저어 가면 효고兵庫를 거쳐 물길이 끝나는 오사카大阪에 이르렀다. 오사카는 물길이 끝나는 동시에 육지길이 시작하는 교착 지점이었다. 이곳 오사카에서 통신사선 6척은 정박을 하고, 사신 일행도 맡은 임무에 따라 두 부류로 나누어졌다. 500명 전후의 사행원 중 국서를 전달하고 의례를 행하기 위한 행렬 인원은 육로를 따라 일본의 수도인 에도로 갔고, 나머지 100여 명은 배에 남아 대기했다. 대기 인원은 배를 수리하거나 정비하고, 청소와 보초 등의 업무를 맡았다.

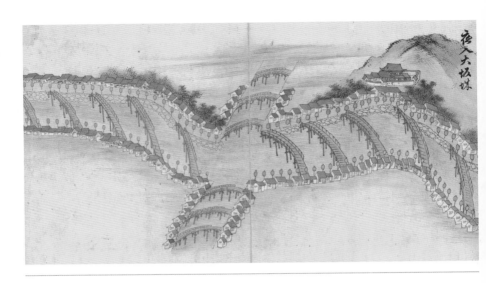

이성린, 《사로승구도》〈야입대판연夜入大阪堧〉(1748년 4월 21일 도착), 국립중앙박물관 e뮤지엄에서 전재

사실 의장 행렬이 에도로 떠나고 나면 배에서 대기하는 인원들은 꼼짝없이 배 안에서만 생활해야 했다. 번화한 도시로 알려진 오사카이지만 그들에게 오사카를 둘러보고 여행을 즐길 자유는 주어지지 않았다. 안타깝지만 오사카 유람은 남겨진 하급 관원보다 떠나는 고위 관직의 사신들에게만 허락된 기회였다.

오사카에서 갈아탄 화려한 누선

오사카에 배를 정박시키고 의례 행렬 준비를 마친 통신사 일행은 얕은 강을 거슬러 올라갈 수 있는 배로 옮겨 탔다. 이 배는 누선樓船이었는데, 누선이란 배 위에 2층으로 누각을 만든 배를 말한다. 막부에서 제공한 이 배는 정교함과 화려함이 극에 달해 모든 통신사가 감탄해 마지않았다. 1682년, 김지남은 『동사일록』에서, "배 전체에 검은 칠을 했고, 처마와 기둥·난간과 문 및 선두·선미는 황금으로 장식을 했다. 처마에 색색으로 된 비단 장막을 쳤고, 4면 벽은 금색 종이를 발랐다. 그 사이에 사람과 화초·조수 등을 그렸는데, 붉고 푸른 빛이 영롱하고, 금 채색이 해에 비쳐 빛이 물 위에 흔들리며 그림자가 물결 아래 비쳐서, 사람의 마음을 설레고 어지럽게 하여 쳐다볼 수가 없다"라고 하였다.

호화롭고 휘황찬란하게 장식된 누선은 9-14척 동원되어 통신사 일행을 태우고 퍼레이드를 연출했다. 이 배 가운데 일부는 영주들이 만들어 막부에 바치기도 했다. 1748년, 조명채가 역관을 통해 물어본 바에 의하면 금누선을 만드는 데 든 비용이 은자銀子 4천 냥이었다고 하니 그 화려함을 상상해 볼 만하다. 1719년의 통신 정사였던 홍치중은 배가 너무 화려하다고 생각

〈조선통신사어누선도병풍朝鮮通信使御樓船図屏風〉, 오사카역사박물관 소장, 신기수컬렉션

한 나머지 "누선의 화려함이 도를 넘는다. 관백關白이 타는 배라면 사신으로서 감히 탄다는 것이 결례이다"라고 하며 승선을 거부하기도 했다.

【그림 24】에서도 보이듯이 누선 주위에는 작은 배들이 호위하듯 따르고 있다. 대부분은 강을 잘 거슬러 오를 수 있도록 강변에서 밧줄로 배를 끌어당기고 호송하는 배들이었다. 막부는 배의 이동을 원활하게 하기 위해 사신 행차 6개월 전부터는 강의 준설 작업을 하였다. 일부는 구경을 하는 민간 배도 있었다. 이국의 사신을 구경하기 위해 통신사선 가까이 배를 움직이면

서 구경꾼 중 일부가 물에 빠지는 사건도 발생했다.

강변에서도 통신사행이 이동하는 데 불편함이 없도록 난간을 만들고 융단을 깔고 병풍을 치기도 했다. "밤중에 도착해서 보니 강가에 대나무로 난간을 만들고 붉은 융단에 금칠한 병풍을 둘러쳤다. 사신들이 안전하게 움직일 수 있도록 하기 위해서이다. 구경꾼이 운집했다." 통신사행은 오사카 주민에게도 볼 기회가 드문 구경거리였다. 이런 분위기를 즐기기라도 하듯 통신사는 누선에 앉아 여유롭게 차를 마시며 구경꾼들을 구경하곤 했다.

넓은 숙소와 번화한 도시, 오사카

오사카에 도착한 통신사 행렬은 숙소인 니시혼간지西本願寺로 향했다. 니시혼간지 쓰무라별원津村別院은 오사카에 있는 사찰 중에서 가장 규모가 큰 곳으로, 여기에는 통신사뿐 아니라 쓰시마섬에서부터 호행해 온 일본인들과 막부의 명을 받은 관리들까지 모두 숙박할 수 있었다고 한다. 이곳에는 개별 침실과 부엌, 목욕실, 화장실 등이 갖추어져 있었는데, 1719년 사행에 참여한 신유한은 "이 절은 오사카 모든 절 중에서 가장 굉장하고 화려한 것으로 천여 칸이나 되었다"라고 하였다. 그 외 대부분의 사행록에서도 일본에서의 숙소 중 니시혼간지를 손에 꼽을 정도였다.

한편 배에서 내려 국서를 받들고 음악을 울리며 숙소로 향하는 통신사들의 눈앞에는 낮과 밤을 가릴 것 없이 화려하고 번화한 오사카의 시가지가 펼쳐졌다. 기이하고 번성한 도시의 진풍경에 통신사 일행도 감탄의 기록을 쏟아 내고 있다. 낮에 오사카를 보게 된 신유한의 기록에는, "구경하는 사람이 가득 메웠고 화려함이 강 언덕을 볼 때보다 배나 눈이 부셨다. 길이 평

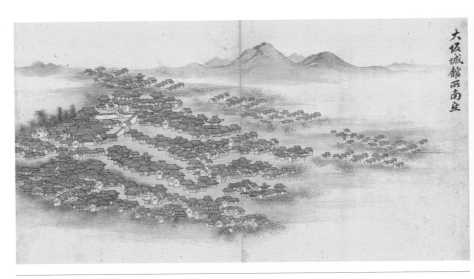

그림 25 이성린, 《사로승구도》 〈대판성관소남망大阪城館所南望〉(1948년 4월 21일 도착), 국립중앙박물관 e뮤지엄에서 전재

평하고 곧고 티끌이 없으며, 양쪽에 모두 구슬발, 그림 장막, 수 놓은 집과 상하 모두 청색·홍색·감색·자색·녹색·황색의 아롱진 옷을 입은 남녀·노년·장년·어린아이가 보일 뿐이었다"라며 번화한 거리와 사람들을 그리고 있다.

오사카의 밤 또한 화려했다. 김지남은 "상점들이 연해 있고 여러 가지 물건이 쌓여 있는데 저마다 자기가 파는 물건을 달아 매어 놓았다. 문 앞에는 각각 등불과 촛불을 달아서 환하기가 대낮과 같아 몇천, 몇만 호가 되는지 알 수가 없다. 대체로 성지城池의 견고함과 배의 정밀하고 교묘함, 누각의 웅장하고 화려함, 사람들의 번성한 것이 사람의 마음과 눈을 놀라게 하여 중국의 소주나 항주를 보기 전에는 아마 이곳을 제일이라 하겠다"라며, 상점마다 달린 등불과 촛불로 만들어진 오사카 밤거리의 풍경이 낮과 못지않은 화려함을 보여 준다고 하고 있다. 심지어 중국의 소주나 항주에 비견할 만하다고 감탄하고 있는 모습이다.

1764년, 김인겸은 북경을 접해 본 경험이 있는 통신사 역관도 "북경의 번영도 오사카에는 뒤진다"라고 말했다며 북경과 오사카를 비견하기도 했다. 이런 화려한 모습이 못내 한탄스러웠던지 짐승과 같은 인간들이 2천 년 동안 이렇게 평화롭게 번영하고 있었다니 원망스럽다고 하기도 했다. 오사카의 이런 화려함과 번성함은 이곳에서 상업을 통해 부를 쌓은 호상들에 의한 것이었다. 이들은 부를 축적하기만 한 것이 아니라 문화를 만들고 누려 스스로가 문화 계층이 되어 갔다. 그들이 겐로쿠 문화의 주역이 된 것도 어찌 보면 당연한 일이었을 것이다.

7

천황의 역사가 스민
교토를 밟다

한 곳에 이르니, 그곳을 북원北園이라 하는데,
맑은 시내 한 줄기가 콸콸 뜰 앞을 꿰어서 지나
가고, 기이한 바위와 괴상한 돌들이 시냇가에
여기저기 흩어져서 솟아 있다.
물고기와 자라가 그 사이에서 헤엄치며, 아름
다운 갈매나무가 울타리처럼 빙 둘러섰고, 진
기한 나무들이 그늘을 이어서, 경계가 맑고도
그윽하니, 결코 저잣거리 가운데에는 있을 수
없는 풍경이다.

— 조명채, 『봉사일본시문견록』

요도우라에서 교토로 들어가는 길

이성린, 《사로승구도》〈정포定浦〉(1748년 5월 2일 도착) 물을 끌어올리는 수차水車, 국립중앙박물관 e뮤지엄에서 전재

오사카에서 강배를 타고 요도우라定浦에 도착한 통신사 일행은 육로를 이용해 에도까지 이동했다. 요도우라에서 짓소지実相寺까지 가면 사신 일행은 공복公服으로 옷을 갈아입고 사모紗帽를 쓰고서 교토로 들어섰다. 교토는 '서경西京'이라고 불렸는데, 천황이 있는 곳이었기 때문에 통신사들도 예의를 갖춰서 교토로 입성하였다. 교토에 소재한 숙소로 이동하는 도중의 풍경에 대해 조명채는 다음과 같이 기술하고 있다.

> 30리 사이는 길을 닦아서 평탄하고 깨끗하기가 숫돌 같으며 한 조각의 사금파리도, 한 오라기의 티끌도 남아 있지 않다. 좌우에 대나무 난간을 새로 만들어 두어 구경하는 사람이 벌여 설 경계로 삼았고, 인가가 조금 뜸한 곳은 시렁을 매어 올라가서 구경하는 자가 또한 잇따라 있고, 이따금 논이 있어 벼의 새싹이 막 돋아나 있다. 도랑은 물이 깊어서, 작은 거룻배가 바다로 통행하는데, 마침 마을 가운데의 녹음綠陰 밑에 배를 대니, 또한 하나의 경치이다.
>
> — 조명채, 『봉사일본시문견록』

교토는 강과 평야, 농지가 넓게 펼쳐진 평화로운 모습이다.

1764년, 김인겸도 교토의 풍경을 평화로운 낙원으로 묘사했으며, 이 풍요로운 낙원을 일본인이 소유하는 것에 분개하는 표현도 서슴지 않았다. 심지어 그는 이곳을 조선의 영토로 하고, 조선 왕의 덕으로 예절의 나라로 만들고 싶다고 하기도 했다.

천년 사찰을 숙박지로 삼고

교토는 천황이 천년 동안 기거하면서 조성된 수많은 사찰이 들어선 모습이었다. 이 사찰들에 통신사의 숙소가 마련되었는데, 혼고쿠지本國寺(혼초지本長寺), 혼노지本能寺, 다이토쿠지大德寺,

그림 27 이성린, 《사로승구도》〈서경본장사북원西京本長寺北園〉(1748년 5월 3일 도착), 국립중앙박물관 e뮤지엄에서 전재

다이후쿠지大福寺 등이 이용되었다. 이 중 가장 많이 이용된 사찰 숙소는 혼고쿠지였다. 혼고쿠지에 대해서는 통신사 대부분이 칭찬해 마지않는 모습이다.

관사舘舍가 크기로는 일로에서 으뜸이고, 벌여 놓은 온갖 제구가 모두 다 화려하다. 아침 식사 후 정사·부사와 함께 관소 안의 여러 곳을 두루 구경하였는데, 모두 행각行閣으로 칸수가 몇천 칸인지 모르겠다. 한 곳에 이르니, 그곳을 북원이라 하는데, 맑은 시내 한 줄기가 콸콸 뜰 앞을 꿰어서 지나가고, 기이한 바위와 괴상한 돌들이 시냇가에 여기저기 흩어져서 솟아 있다. 물고기와 자라가 그 사이에서 헤엄치며, 아름다운 갈매나무가 울타리처럼 빙 둘러섰고, 진기한 나무들이 그늘을 이어서, 경계가 맑고도 그윽하니, 결코 저잣거리 가운데에는 있을 수 없는 풍경이다.

― 조명채 『봉사일본시문견록』

혼고쿠지는 교토의 300개 사찰 가운데 최고이다. 층층 누각과 구리 기둥이 있고, 용마루가 겹겹인 데다 복도는 서로 이어졌으며, 장대처럼 솟은 한 개의 용마루가 있는 커다란 건물인데, 칸막이를 하여 삼사신의 처소를 만들었다. 세 방의 연꽃무늬 장막蓮幕은 모두 벌집처럼 늘어서 있고, 가운데를 비워 연향宴享하는 장소로 이용했다. 그러고도 남는 공간이 있었는데, 처소마다 4면을 한 칸씩 비워 두어 말하는 소리가 서로 섞이지 않았다.

— 원중거, 『승사록乘槎錄』

하지만 한편으로는 불교사찰을 숙소로 이용하면서 겪게 되는 황당한 일화도 있다. 1655년, 혼고쿠지를 숙소로 이용한 남용익은 자신이 이용한 잠자리의 다소 기이한 모습에 의구심이 들었다. 잠자리가 높은 단 위에 마련되어 있었기 때문이다. 자세히 살펴보니 그 단은 원래 불상을 모신 자리였는데, 통신사의 숙소로 이용되면서 불상을 치우고 임시로 잠자리를 마련한 것이었다. 이 사실을 알게 된 남용익은 부처님의 자리에서 잠을 자야 한다는 생각에 마음이 편치 않았다고 하였다.

조선인의 귀와 코로 만든 무덤

임진전쟁 도중 일본인들은 자신의 전시 공적을 위해 조선인의 귀와 코를 베어 일본 본토로 보냈다. 도요토미 히데요시는 이를 교토의 다이부쓰지大佛寺 서쪽에 묻고 무덤을 만들었다. 이 무덤에는 10만여 명의 귀와 코가 매장되었다고 한다. 1624년, 회답겸쇄환사로 일본에 간 강홍중은 다이부쓰지 옆 조선인의 귀와 코를 묻은 무덤을 보고 원통한 마음을 표현하였으며, 1643년 사행에 참여한 종사관 신유 또한 다이부쓰지를 돌아보며 이 무덤을 접했다.

한편 일본에서는 1711년과 1719년에 이 귀와 코의 무덤이 있는 다이부쓰지에서 통신사에 대한 연향을 베풀기도 했다. 아마 은연중에 임진전쟁의 기억을 상기시키려 했는지도 모르겠다. 1719년에는 홍치중, 황선, 신유한 등이 다이부쓰지는 도요토미 히데요시를 위한 사당이 아니라는 일본인의 말에 속아 연향에 참석하기도 했다. 하지만 이후 거짓임이 밝혀지면서 다이부쓰지에서의 연향은 명맥이 끊어지게 되었다.

사행길에서 늘 좋은 것들만 경험할 수는 없는 일. 안타깝게도 이처럼 통신사에게 굴욕과 원통함을 안겨 주는 장소들도 존재하기 마련이었다.

8

무사들의
격전과 평온함의 시대를
동시에 보여 준
히코네와 오가키

10리를 가서 세키가하라 마을을 지나는데 양쪽에 산이 있고 평평한 들이 끝없이 펼쳐져 있다. 길 북쪽 들판 가운데 동이를 엎어 놓은 형상과 같은 작은 산이 있고, 산 위에 보루堡壘를 쌓았던 터가 있는데 도쿠가와 이에야스가 진을 치던 곳이다.

— 경섬, 『해사록』

망호루望湖樓에서 바라보는 비와호琵琶湖

그림 28 이성린,《사로승구도》〈비파호세다교琵琶湖勢多橋〉(1748년 5월 4일 도착), 국립중앙박물관 e뮤지엄에서 전재

통신사들은 일본에서 놓치지 말아야 할 명소로 비와호와 후지산富士山을 꼽았다. 특히 망호루에서 바라보는 비와호의 풍광은 통신사들의 감탄을 자아냈다. 1748년 사행 당시 조명채는 에도에 갔다가 돌아오는 길에 망호정望湖亭에서 바라본 비와호의 풍경에 감탄해 마지않았다. 우뚝 솟은 망호정은 편편하게 비와호까지 이어졌는데, 비와호의 물은 아득해 끝이 없고 외로운 섬은 점점이 그림 같으며, 돛단배의 왕래와 물새의 오르내림은 절승의 경계임이 틀림없다고 하였다.

당시 조명채는 다른 사신들과 함께 망호정에서 일본인 승려의 요청에 의해 시를 쓰다가 지진을 경험하기도 했다. 큰 지진은 아니었으나 바위 위에 앉은 망호정이 홀연히 흔들릴 정도였다고 하니, 위태로운 상황은 아니었지만 바다에서와는 달리 또 한 번 가슴을 쓸어내리는 상황이었음은 분명했다.

1607년 회답겸쇄환사 때 경섬은 비와호는 "둘레가 800여 리이고 수면이 넓고 아득한데, 풍범선風帆船이 점점이 흩어져 있을 뿐 나룻가는 보이지 않는다"라고 하며 넓게 펼쳐진 비와호의 풍경을 묘사하였다. 이후 1624년 강홍중, 1719년 신유한 등은 비와호를 관망한 후 중국의 동정호洞庭湖와 비견하기도 하였다.

시원하고 넓어서 가히 보이지 않았는데, 먼 산이 물을

안아서 굽이굽이 만灣을 이루었다. 멀고 가까운 곳에서
어선이 누런 갈대와 푸른 대나무 사이로 출몰하였다.
저녁노을과 외로운 따오기가 물결과 함께 오르락내리
락하였다. 둘레가 400리인데, 중국의 동정호와 겨눌 만
하다. 나는 악양루에서 보는 호수와 이곳에서 보는 호
수 중 어느 것이 더 나은지 알지 못하겠다. 본래 형상이
비파와 같으므로 비파호라 하였으며….

— 신유한, 『해유록』

100여 리의 호수가 한눈에 들어왔다. 호숫빛은 맑고 산
색도 수려했다. 저녁노을이 기울면서 고깃배가 돌아왔
다. 왼편 산록으로는 가는 모래가 수면에까지 펼쳐졌
고, 그 일대의 짙은 숲은 수십 리를 뻗어 있었다.

— 조엄, 『해사일기』

현재는 비와호를 관망하였던 망호루가 소실되어 당시의 풍
광을 느끼기는 힘들지만, 통신사의 사행록을 통해 그려 볼 따름
이다.

세키가하라와 오가키성

통신사들은 히코네를 지나면 이마스今須에서 점심식사를 하고, 세키가하라關ケ原를 거쳐서 저녁 즈음에는 오가키에 도착했다. 세키가하라는 센고쿠시대를 마무리한 세키가하라 전투가 벌어진 곳으로, 도요토미 히데요시 세력과 도쿠가와 이에야스 세력이 격전을 벌인 장소이다. 통신사들도 이러한 사정을 알고 있었기에 유심히 보았던 곳 중 하나였다. 1607년 사행에서 경섬은 세키가하라의 모습을 다음과 같이 기록하고 있다.

> 10리를 가서 세키가하라 마을을 지나는데 양쪽에 산이 있고 평평한 들이 끝없이 펼쳐져 있다. 길 북쪽 들판 가운데 동이를 엎어 놓은 형상과 같은 작은 산이 있고, 산 위에 보루를 쌓았던 터가 있는데 도쿠가와 이에야스가 진을 치던 곳이다.
>
> — 경섬, 『동사록』

이곳을 본 통신사들은 도쿠가와 이에야스가 임진왜란을 일으킨 도요토미 히데요시 세력으로부터 승리를 거두고 조선에 화호和好를 청한 일에 대해 도리에 맞은 일이었다고 평가하곤 했다.

반면에 오가키성大垣城은 세키가하라 전투 때 도요토미 히데요시 측 세력이었던 서군西軍의 본거지였다. 오가키성에 우뚝 솟은 천수각을 본 통신사들은 마음 한 켠으로 오카야마의 보루를 볼 때와는 다른 울분을 느끼지 않았을까?

히코네로 이어지던 쇼군의 특별전용로인 하마카이도濱街道와 통신사들의 1박을 책임지던 오가키에는 현재도 그 흔적이 남아 '조선인가도朝鮮人街道'라는 도로명이 존재하고, 오가키에는 통신사 행렬을 축제로 승화시킨 조센야마가 보존되어 있어 잠시나마 통신사의 흔적을 느껴 볼 수 있다.

9

성신교린의 도시
나고야,
배로 다리를 잇다

배다리의 제도는 배를 잇대어 판자를 깐 다음, 양쪽을 새끼와 철사, 또는 포도등葡萄藤으로 매고, 또 닻줄을 두 줄로 하여 배다리를 묶어 움직이지 못하도록 하였다. 그리하여 아무리 큰 물이 인다 하여도 갑자기 부서지지 않을 듯했으니….

—조엄, 『해사일기』

배를 잇대어 만든 다리로 강을 건너고

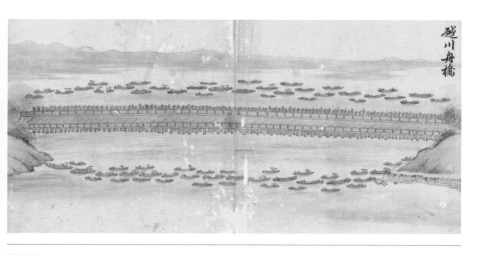

越川舟橋

이성린,《사로승구도》〈월천주교越川舟橋〉(1748년 5월 7일 도착), 국립중앙박물관 e뮤지엄에서 전재 오가키에서 나고야로 이르는 길에 통신사들은 3-4개의 다리를 건너야 했다. 하지만 이 다리는 이미 만들어져 있던 다리가 아니라 【그림 29】와 같이 '주교舟橋'라고 하는 배로 만든 다리였다. 사행원들은 사도가와강洲川(佐渡: 현재의 이비강揖斐川), 사카이가와강界川(境川: 현재의 오구마강小熊川), 나가라강長良川(현재의 구로마타강黑俣川), 고시카와강越川(현재의 기소가와강木曾川) 등을 건널 때마다 배다리를 이용했다고 기록하고 있다.

배다리는 배들을 줄지어 이어서 그 위에 판자를 깔아 만든 다리이다. 판자의 양쪽은 철사 등으로 묶어서 배가 움직이지 못하도록 하였는데, 이렇게 이어진 배들은 300여 척에 이르렀다고 한다. 배다리에 대한 기록은 다음과 같이 잘 남아 있다.

모두 물 위에 배를 가로놓고 큰 줄과 쇠사슬(鐵鎖)로 좌우에 얽어매었으며, 그 위에 판자를 깔고 양쪽 머리에는 각각 아름드리나무를 세워서 매었다. 이런 곳이 세 곳이었는데 기소가와강이 가장 커서 배 3백 척을 연결하여 길이가 천여 보[800m 정도]이니, 공력과 비용을 상상할 만하다.

— 신유한, 『해유록』

동쪽으로 가서 사도가와강佐渡川에 이르니, 내의 너비가 한 마장[약 393m] 남짓하다. 작은 배 70여 척으로 내를 가로질러 부교를 만들고, 위에 두꺼운 널빤지를 깔았는데 틈 벌어진 곳이 하나도 없다. 양가에는 쇠사슬을 붙이고 굵기가 다리만 한 밧줄을 꿰었으며, 또 팔뚝만 한 철사로 덧누르고, 양쪽 언덕에 각각 아름드리나무 기둥을 세우고 고패[높은 곳에 기나 물건을 달아 올리고 내리기 위한 줄을 걸치는 작은 바퀴나 고리]를 설치하여 철사와 밧줄을 당겨서 조금도 흔들리지 않게 하였다. 선미船尾마다 지키는 자 한 사람과 물통 하나가 있으니, 그 시설이 튼튼하고 물력이 큰 것은 이를 미루어서 알 만하다. 구로마타강墨俣川에 이르니, 역시 배 위에 다리를 놓았는데 한 마장이 넘는다. 또 작은 내가 있어 이것이 계농, 미장 두 고을의 경계인데, 다리의 만듦새는 구로마타강과 같다. 10리쯤 가니, 또 고시카와강越川이라는 큰 내가 있는데, 사도가와강에 비하여 너비가 세 곱이며, 이은 배의 수가 280여 척이나 된다. 이것이 육로에서 으뜸가는 장관이다.

— 조명채, 『봉사일본시문견록』

배다리의 제도는 배를 잇대어 판자를 깐 다음, 양쪽에 새끼와 철사, 또는 포도등으로 매고, 또 닻줄을 두 줄로 하여 배다리를 묶어 움직이지 못하도록 하였다. 그리하여 아무리 큰물이 인다 하여도 갑자기 부서지지 않을 듯했으니 어제 중수하였다는 말은 믿을 수가 없다. 제1, 제2 배다리는 배를 맨 것이 백여 척에 불과했는데, 제3 배다리는 거의 3백 척이 넘었으며, 두 배를 서로 이은 사이에 또한 배 한두 척을 더 수용하겠으니, 이로써 계산을 한다면 천 보에 가까운 배다리라고 하겠다.

— 조엄, 『해사일기』

이렇게 장관을 연출하는 배다리는 2년에 걸쳐 공사를 했다고 한다. 원래는 막부의 쇼군만이 이용할 수 있도록 만드는 다리였는데, 이 다리를 만들고 이용하는 것이 통신사에게만 추가적으로 허락되었던 것이다. 이처럼 시간과 노동력, 정성을 들여 만든 배다리는 통신사행이 돌아가고 나면 바로 철거했다. 지방 다이묘들이 쉽게 강을 건널 수 없도록 하기 위해서였다.

한편으로는 통신사행이 있을 때마다 만들어지는 배다리의 장관을 보기 위해 일본인들도 몰려들었다. 신유한은 "양쪽 언덕에서 관광하는 남녀는 나니와강浪華江과 같았는데, 가마를 타고 발을 드리우고 온 자는 귀족 부녀들이라 한다"라고 하였다. 강홍중은 "귀한 집 부녀들이 가마를 타고 양쪽에 줄지어 있으니 참으로 장관이었다. 역관 등이 왜인에게 물으니 모두 미카와三河, 미노美濃, 오와리尾張 등 먼 지방 사람들인데, 관광하기 위하여 며칠 전부터 와서 머물렀다고 한다"라며 일본인 구경꾼들의 모습을 기록하기도 했다.

번성한 거리와 아름다운 여성들

통신사들이 배다리를 건너 나고야에 도착할 때는 대체로 해 걸음이나 해가 진 뒤였다. 이 때문에 밤길을 밝히기 위해 나고야의 거리에 설치한 등불과 횃불은 아름다운 밤 풍경을 선사하였다. 강홍중은 "인가마다 등을 달지 않은 집이 없고 또 횃불로 길을 비추어 밝기가 대낮 같았다"라고 하였고, 임광은 "큰길 좌우에 있는 집들이 등불을 내걸었고, 한편으로는 횃불을 밝힌 것이 수십여 리에 이어지고 있으니 실로 일대 기이한 광경이다"라고 하였다. 이 횃불은 통신사에게는 기이한 광경이었지만, 한편으로 일본인들에게는 조심해야 할 부분이기도 했다. 횃불로 인한 화재 위험이 있었기 때문이다. 이로 인해 민가에는 화재에 각별히 신경을 쓰라는 지침이 전달되기도 했다.

불 밝힌 밤 풍경 탓이었을까? 나고야 거리는 번화한 듯 보여 통신사들 대부분은 오사카와 나고야의 번성함이 비슷하다고 견주고 있다. 신유한은 "열십자 거리에 황금옥黃金屋(황금으로 지붕을 장식한 훌륭한 집)과 백화점百貨店에 만들어 놓은 갖가지 기이한 구경거리를 바라보니 눈이 부셨다"라고 하였다. 김인겸은 "아름다운 자연, 번성한 인구, 풍부한 토지, 사치스러운 가옥 등은 중국의 중심지에도 없는 풍경이다"라고 중국과 비교하기까지 했다.

나고야의 화려한 풍경에는 일본 여인들의 아름다운 모습도 추가로 한몫을 했다. 1764년, 김인겸은 나고야 사람들의 용모는 아름다우며, 특히 여성이 아름답다고 하였다. "나고야의 미인이 길을 걷는 우리를 보고 있다. 우리 일행은 나고야의 미인을 한 명이라도 놓칠세라 머리를 좌우로 필사적으로 움직이고 있다." 다소 희화화된 표현이지만 김인겸이 느끼는 나고야의 여성들은 화려한 아름다움이 있었던 것 같다. 또한 직접적으로 일본 여인의 아름다움을 묘사하지는 않았지만, 신유한은 나고야 누각 앞 언덕 위에 푸른 장막과 채색 주렴에 붉은 실로 만든 봉황 꼬리(鳳尾)에 진주로 얽은 집들이 있는데 귀족들의 첩이 기거하는 집이라며 아름다운 일본 여인을 거느리는 귀족들의 습속도 밝히고 있다.

통신사와의 시문창화가 활발한 나고야

　나고야에서 통신사는 시문창화를 즐기는 분위기였다. 다음
【그림 30】은 1764년 통신사들과 일본인들이 쇼코인에서 시문창
화하는 모습을 그린 것이다. 이 그림에서 왼쪽에는 조선인 4명
이 앉아 있고, 오른쪽에는 일본인 10명이 앉아서 글을 들여다보
고 있다. 일본인 중에는 당시 오와리번의 접대역이자 유학자인

　오와리 명소 그림尾張名所圖繪(1844) 중 시문창화 장면, 도쿄국립박물관東京國立博物館 소장

마쓰다이라 군잔松平君山이 있었는데, 그는 이 그림 아래에 다음과 같은 제문을 써 놓았다.

갑신년 봄에 조선국 통신사(信使)가 쇼코인에 유숙했다. 나는 번의 명령을 받아 영빈관으로 갔다. 제술관 남추월南秋月(남옥)과 세 서기관 등과 창화唱和했다. 나의 아들 가쿠잔霍山과 손자 하쿠호伯邦를 동반했는데, 추월은 3대가 동석하여 시를 서로 창화하는 것은 희대의 진기한 일이라 했다. 아! 이 말이야말로 불후의 명예라고 생각하지 않을 수 없다.

이 시문창화에 참석한 일본인은 글들을 묶어 『삼세창화집三世唱和集』이라는 문집을 엮어 내기도 했다. 이 그림처럼 통신사와의 시문창화에 대한 나고야인들의 열정이 대단하였던 것은 신유한의 글에서도 확인할 수 있다.

시를 얻으러, 또 말을 들으려고 먼 곳에서 사람들이 줄줄이 모여들고 있었다. 그중에는 혹 내가 지난번에 써 준 시로 채색 병풍을 꾸며 가지고 와서 낙관을 찍어 달라는 자도 있었고, 혹 문집이나 시의 초고를 가지고 와서 평론과 수정을 요구하는 자도 있었다. 동자가 먹을 갈다가 지쳐서 일본인에게 대신 갈게 했다. 종이는 구름같이 쌓였고, 붓은 수풀처럼 세워 놓았지만 잠시 뒤 다 떨어져서 다시 들이곤 하였다. 나는 가끔 목이 말라서 귤을 까서 목을 축였다. 고시와 근체시를 내 운으로, 혹은 남의 운으로 짓는데 초 잡은 것마저 하나도 남기지 않고 가져갔으니 나 자신도 시를 얼마나 썼는지 알 수가 없다. … 닭이 세 홰나 울 때까지 사람들은 갈 생각을 하지 않았다.

— 신유한, 『해유록』

신유한은 매번 각 지역에서 시문창화를 하는 일본인들에 대해 "문장과 기세가 하나도 볼 것이 없다"라고 악평하기도 했지만, 한편으로는 "그들은 대개 총명하고 민첩하여 필담을 해 보면 짧은 글은 얼른 응대하는데, 혹 기이하고 아름다운 말을 잘 쓴다"라고 호평하기도 했다. 특히 나고야에서 만난 기노시타 란코木下蘭皐, 아사히나 겐슈朝比奈玄洲와의 만남에서 신유한은 일본 유학의 또 다른 일면을 보기도 했다.

통신사의 유묵이 있는
세이켄지를 품은
시즈오카

벽에 3편의 시가 있다. 여우길, 경섬, 정호관이 정미년(1607)에 이곳 세이켄지에 왔을 때 쓴 것이다.

3인 가운데 여 공 한 분만 살아 있고 다른 분은 모두 작고했으니, 눈에 들어오는 묵은 자취가 사람으로 하여금 감회를 자아내게 한다.

절의 문은 큰 바다를 베고 있으며, 절 가운데에는 솔밭이 있어 낙락장송이 10리에 푸르다.

바라보니 섬과 같았다.

— 강홍중, 『동사록』

물살 센 오이강大井川을 건너고

　　나고야에서 시즈오카로 이르는 길에 통신사들은 신변 검문 검색으로 악명 높은 아라이세키쇼를 지나 평온한 풍광을 자아내는 이마기레강을 지났다. 그리고 통행로상에 가로막혀 있는 오이강을 마주하게 된다. 오이강은 앞서 나고야행에서 보았던 강들과는 달라서 배다리로 통행로를 마련할 수 없었다. 수심은 얕지만 물살이 빨라서 배다리를 연결하는 것은 상상도 할 수 없었던 것이다. 이 때문에 강을 건너는 인원수도 제한되었고, 불어난 물 때문에 통신사들이 강을 건널 수 없는 사태가 발생하기도 했다. 심지어 1636년 사행 때에는 짐을 실은 말 5마리가 떠내려가서 2마리가 죽는 사고까지 발생했다. 이런 위험한 곳에서는 사람을 업고 강을 건너게 해 주는 월천꾼(越川軍)이 필수였다.

신유한도 오이강에 대해 "물은 겨우 무릎에 찼지만 물살이 세고 급하기가 화살과 같아서 배로 가지도 못하고 다리를 놓을 수도 없다"라고 하였다. 이 때문에 조선의 월천꾼처럼 일본인 인부가 통신사들을 업거나 가마에 태워 들고 직접 강을 건네주는 상황이 야기되었다. 오이강을 건너는 통신사들의 기록을 살펴보자.

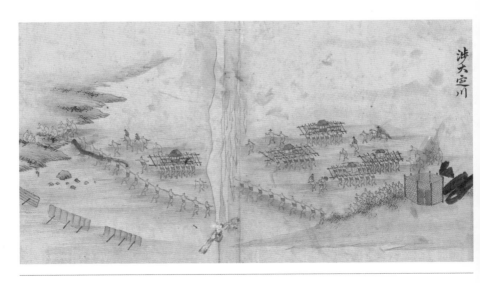

그림 31 이성린, 《사로승구도》〈섭대정천涉大定川〉(1748년 5월 15일 도착), 국립중앙박물관 e뮤지엄에서 전재

널다리 세 곳을 건너 오이강에 이르니, 산골 물이어서 물살이 매우 빠르고 깊이도 어깨가 묻히므로, 타고 가던 교자를 멈추고서 바로 들것(梁子) 위에 얹었다. 들것은 우리나라의 들것처럼 만들었는데, 크기가 거의 집 한 칸만 하다. 멜대를 卅자 모양으로 가로 걸치고 전후좌우를 합하여 멜대 여덟으로 만들었는데, 크기가 또한 기둥만 하다. 청백 두 가지 무명을 꼬아 큰 밧줄을 만들어 이리저리 단단하게 묶어서, 받침대 난간 위에 얹은 교자가 조금도 흔들리지 않게 하였다. 메는 인부는 다 새로 도착한 푸른 무늬의 흰옷을 입은 자들이다. 처음에는 언덕 위에 있는 대나무발로 엮은 울타리 안에 들것을 멜 인부를 가두었다가, 사신 행차가 오는 것을 보고서야 비로소 사립문 하나를 열어서 나오게 하는데, 그 수가 몇백인지 모른다. 받침대 하나에 드는 인부는 50여 명이다.

… 이 밖에 또 크고 작은 들것과 대로 만든 사립문짝 같은 것이 수없이 많아서, 일행의 상관上官은 다 이것으로 건네는데, 들것 하나에 두세 사람을 겹쳐 태우기도 한다. 수종하는 쓰시마섬 왜인도 모두가 걸어서 건너지 않고 사립짝을 타거나 사람의 목에 걸터앉아 간다. 다

투어 건너는 소리와 부축하는 소리가 한 고장을 뒤흔
드는데, 와서 대령한 왜인의 수를 모두 헤아리면 또한
몇천인지 모르겠다.

— 조명채, 『봉사일본시문견록』

앞길에 오이강이 있는데, 얼마 전 큰비가 내려 물이 불
어 한 길이 넘는 상태라 더 나아가지를 못하고 물이 빠
지기를 기다려야 하는 형편이 되었다. 오이강은 물살
이 매우 급하여 배다리를 쓰지 않고 들것(架子)으로 건
넜다.

일본인 수백 명이 물 가운데 벌여 서서, 새로 만든 판여
각板與閣에다 어깨에 매는 가마(肩輿)를 얹어 판여각 네
귀퉁이에 굵은 새끼줄로 매어 끌고 가거나 무명으로
사면에 난간을 엮은 들것 10여 개가 용정龍亭과 승교乘
轎를 받들었다. 들것 하나에 메는 사람이 수십 인씩이
요, 일행의 안장 끼운 말과 행장을 보호하여 건너는 자
가 천여 명에 달한다.

— 신유한, 『해유록』

그들은 일제히 우리 일행이 도착하는 것을 보고 [들어가

있던] 울타리의 문을 열었다. 여러 사람이 떠들썩하더니 일시에 뛰어나와 각각 메는 도구를 가지고 왔다. 국서를 모시는 것과 사신이 타는 것은 큰 들것 모양인데, 용정자를 들것 위에 안치하고 염색한 목면으로 좌우 난간을 맨 다음, 수십 인이 어깨에 들것을 매었다. 그리고 삼사신의 가마(屋輪)도 또한 그렇게 하여 차례로 건넜고, 나머지 사람들은 목상木床을 타고 건너니 일행들이 오래지 않아 모두 건넜다.

— 조엄, 『해사일기』

이 인부들은 앞 【그림 31】에서 오른쪽 하단에 보이는 우리 같은 곳에 갇혀서 이동해 왔다가 이 일이 끝나면 다시 이동하는 임시 인부인 것 같다. 조명채도 "울타리 안에 인부들을 가두어 놓았다가"라고 하였고, 조엄도 "내를 건네주는 군사를 울타리 속에 가두어 대기시켰다"라고 하였다. 어떻게 동원된 인부들인지, 인부들이 도주할 수 없도록 울타리를 설치한 것인지 그 내막은 알 수 없으나, 한겨울에도 동원되었다고 하니 통신사의 이동을 위해 고초를 겪었을 상황이 짐작된다.

아름다운 풍광과 통신사의 유묵이 남아 있는 세이켄지

　통신사행의 필수 경로나 필수 숙박지는 아니었으나 세이켄지淸見寺의 풍광은 이전의 통신사들이 남긴 사행록에 아주 잘 묘사되어 있다. 특히 1607년과 1624년 사행에서는 통신사들이 이곳에서 숙박하였으므로, 그와 관련된 유묵이 남아 있어 이후의 통신사들이 반가움을 느끼기도 했다.

　통신사들이 마주한 세이켄지의 아름다운 풍광, 그리고 이전의 사행원들이 남긴 유묵과 흔적들을 접한 감상은 어떠하였을

그림 32　이성린, 《사로승구도》〈청견사淸見寺〉(1748년 5월 17일 도착), 국립중앙박물관 e뮤지엄에서 전재

까? 1624년에 강홍중, 1748년에 조명채, 1764년에 조엄이 세이
켄지를 보고 남긴 사행록의 내용을 차례로 확인해 보자.

> 절의 경내에는 기화요초에 폭포수와 맑은 연못이 있으
> 며, 진기하고 괴이한 짐승들(珍禽怪獸)이 죽림竹林 사이
> 에서 우짖으니, 그 소리가 구슬퍼 사람으로 하여금 향
> 수를 느끼게 하였다. 뜰 가운데 또 향기로운 매화가 있
> 는데, 백여 보를 가로 뻗어 가지마다 꽃봉오리가 맺어
> 필 듯 말 듯하니 햇빛 아래에 늙은 용이 가로누워 비늘
> 마다 빛을 내는 것 같다. 소나무를 가꾸어 담을 두른 듯
> 하니 하늘과 땅 사이에 기이한 하나의 풍경이었다.
> 벽에 3편의 시가 있다. 여우길, 경섬, 정호관이 정미년
> (1607)에 이곳 세이켄지에 왔을 때 쓴 것이다. 3인 가운
> 데 여 공 한 분만 살아 있고 다른 분은 모두 작고했으
> 니, 눈에 들어오는 묵은 자취가 사람으로 하여금 감회
> 를 자아내게 한다. 절의 문은 큰 바다를 베고 있으며,
> 절 가운데에는 솔밭이 있어 낙락장송이 10리에 푸르
> 다. 바라보니 섬과 같았다.
>
> ― 강홍중, 『동사록』

조반 뒤에 떠나서 바닷가를 따라가 길가에 있는 세이켄지에 들어갔다. 돌사닥다리 수십 층을 올라가 앞에 바다를 굽어보니 시야가 넓고 시원하고, 아울러 한없이 그윽한 맛이 있다. 뜰에 매화나무 하나를 심었는데, 키를 짧게 자르고 굽혀서 길이는 겨우 한 자 남짓하고 좌우의 두 가지는 3칸쯤 뻗어 있다. 뒤뜰에는 이른바 패왕초라는 것이 있다. 나무도 아니고 풀도 아닌데, 줄기는 한 자가 넘고 부드럽지도 단단하지도 않으며, 잎은 두꺼운 손바닥 같거나 버섯 같기도 하고 혹 같기도 하며, 꽃은 잎끝에 피고 연분홍빛인데 도무지 형용할 수 없다. 부방군관赴防軍官 전광국이 '연경燕京에도 이 풀이 있어 선인장仙人掌이라 한다'라고 하는데, 그 이름 붙인 것이 그럴듯하다.

　　　　　　　　　　　　— 조명채, 『봉사일본시문견록』

앞은 큰 바다에 다다랐으니 눈앞이 확 트이고 뒤는 산이 병풍처럼 둘렸으며 화초가 우거졌다. 집들은 우뚝 솟았으며 폭포가 쏟아진다. 앞뜰엔 한 그루의 매화나무가 있는데, 가지가 옆으로 퍼져서 그늘이 세 칸 집을 덮었고, 꽃은 바야흐로 피어서 향기가 온 동산에 풍긴다.

144

법당 문설주에 현판 2개가 있는데, 하나는 1607년 신사 여우길, 경섬, 정호관이 지은 칠언절구 한 수씩이고, 다른 하나는 1748년의 삼사[정사 홍계희, 부사 남태기, 종사관 조명채]가 1607년의 [사신들이 지은] 운韻을 따라 지은 것이다. 또 '제불택諸佛宅'이라 쓴 현판이 있기에 물었더니, 이는 1711년 제술관 박안기의 필적이라 한다.

— 조엄, 『해사일기』

한편 이상의 사행록에는 나오지 않지만 1655년의 통신사 종사관이었던 남용익이 시를 남긴 후, 1711년에 그의 서자인 남성중이 통신사 서기로 세이켄지를 방문했을 때 아버지의 시를 차운하여 시를 남기기도 했다. 부자간에 통신사 사행원으로 활동하여 차례로 글을 남기고, 사행원들이 차례로 글을 이어 가는 모습은 세이켄지의 풍광이 선사한 선물인지도 모르겠다.

험난한 사타薩埵 고개를 넘어 후지산을 바라보다

통신사와 수행하는 일본인에게 가파른 사타 고개를 오르는 것은 물살이 센 오이강을 건너는 것만큼이나 힘겨운 행로 중 하나였다. 사타 고개는 도카이도에서 하코네 고개 다음으로 험한 곳으로 알려져 있다. 절경의 달콤함을 선사한 세이켄지를 지나 바로 험한 사타 고개를 숨겨 놓았을 줄 누가 알았겠는가?

이 고개는 바다와 맞닿아 있는 벼랑에 길을 만들어서 파도라도 쳐서 사람들이 휩쓸리면 목숨을 잃기도 하는 위험천만한 고개였다. 신유한은 "벼랑 골짜기에서 치고 올라오는 풍파가 사람을 칠 것만 같다"라고 했으며, 조엄도 "길이 해안을 경유하므로 성난 파도는 철썩거리고 바다 위에 어린 기운이 사람을 엄습하였다"라고 위험성을 기록하고 있다. 이런 위험성 때문에 막부는 1655년에 산허리를 깎아 도로를 만들고, 1682년에는 추가로 구간을 변경하는 공사를 감행하기도 했다.

통신사 일행은 세이켄지를 지나 사타 고개를 넘어 바닷길을 따라가는 중에 후지산을 보았다. 눈이 덮이거나 안개로 둘러싸인 후지산의 절경은 가히 놀랄 만하여 절로 글을 부르고, 시를 부르는 산이었다. 1624년 강홍중은 후지산의 모습을 다음과 같이 기록하고 있다.

산이 큰 평야 가운데 있는데 세 고을의 경계에 걸쳐 우뚝 솟아 있다. 흰 구름이 항상 산허리 아래에 돌아 쉴 새 없이 하늘을 가리고, 산꼭대기에는 사철 늘 눈이 쌓

그림33 이성린, 《사로승구도》〈길원관유월십칠일람견부사산설吉原館六月十七日覽見富士山雪〉(1748년 6월 17일 도착), 국립중앙박물관 e뮤지엄에서 전재

여 오뉴월 염천에도 녹지 않으니, 바라보매 두려웠다.
참으로 천하의 장관이었다.

— 강홍중, 『동사록』

1607년 사행원이었던 경섬은 후지산은 한더위에도 사람이 중턱쯤 가면 추워서 가까이 가지 못한다고 하였는데, 녹지 않는 후지산의 얼음을 이용하여 더위를 견디거나 얼음을 채취하는 풍속을 기록하기도 하였다. 즉 6월 초1일에는 얼음을 삼켜 한 해 동안의 더위를 물리치는 풍습이 있는데, 오직 후지산에만

사철 내내 얼음이 어니, 후지산 얼음을 캐서 천황과 관백에게만
바친다고 한다. 대부분의 사람들은 얼음을 얻지 못하기 때문에
매년 12월 1일이 되면 얼음덩이 모양의 떡을 만들어 저장해 두
고 기다리다가 6월이 되면 얼음 대신 먹는다는 것이다. 후지산
의 얼음은 사철 내내 존재해도 그것을 얻을 수 있는 사람은 한
정되어 있었던 상황이다.

수많은 통신사가 후지산의 풍광을 시로 표현했는데, 신유한
의 시 중 일부로나마 후지산의 형세를 상상해 보고자 한다.

부사산부富士山賦

우뚝 높디높아 교만스럽게 하늘에까지 솟았구나.
뭉게뭉게 피어나는 구름 노을이 아득히 아래 있구나.
누가 옥을 쪼아 비녀를 만들었나,
흰옷을 입은 여인의 살결이 희고도 곱구나.
마치 달이 너울너울 춤추며 애교를 부려,
가을밤을 밝히는 것 같구나.
맑고 명랑하고 뾰족하고 고와 천하에 상대가 없는데,
아! 네가 어찌하여 오랑캐의 땅에 섰는고.

— 신유한, 『해유록』

하코네의 절경은
통신사들의 시가 되고

오늘 올 적에도 처음에는 하늘이 맑았으나, 문득 구름이 흘러 모이고 가는 비도 뿌렸으니, 여기를 굴집으로 삼으면서 구름을 토하고 비를 불러내는 등 변화를 헤아리지 못할 신령스럽고 괴이한 것이 있다고 해도 이상할 것이 없다.

— 조명채, 『봉사일본시문견록』

험준한 하코네 고개를 넘어 하코네 호숫가 숙소로

하코네 고개는 통신사행로 중 험준하기로 유명했다. 이 길에 이르렀을 때 통신사들은 가마를 메는 사람이 있는 힘껏 올라가고, 계속 교대하면서 가도 숨을 헐떡거리는 모습을 자주 접하곤 했다. 신유한이 하코네 고개를 오를 때 말에서 내려 걸어가는 아메노모리 호슈雨森芳洲를 보고 그 연유를 묻자, "이 고개가 몹시도 험하니 말을 타면 내가 상성할까 염려되고 가마를 타면 사람이 병이 들까 염려되니 내가 괴로운 것이 낫다"라고 했다 하니 그 험준함이 상상이 간다.

어쩌다가 이곳을 지나는 계절이 겨울이 되면 준비하는 일본인들의 수고로움은 배가 되었다. 1724년, 강홍중은 겨울에 이 곳을 지나게 되었는데, 밤새 눈이 내려 고갯길에 발이 빠지므로 일본인들이 대나무를 베어 길을 덮는 정성을 보기도 했다. 이처럼 험난한 경로를 이동하는 와중에 고갯마루에서 종종 만나는 마을과 참站에서의 작은 휴식은 큰 감동으로 느끼기에 충분했다.

해가 높이 뜬 뒤에 밥을 서둘러 먹고 곧 떠나서, 마을을 5-6리 지나 하코네 고개箱根嶺에 이르렀다. 구불구불 꺾어 돌아서 천천히 오르는데, 가마꾼 외에 또 그 지역 참의 일본인 장정을 내어, 무명으로 가마의 멜대를 매어 끌어서 올린다. 고개 위에는 마을이 이따금 있는데, 판잣집을 꾸며 놓고 차와 술을 팔기도 한다. 산중 마을에 이르니, 잠시 쉴 곳을 마련하여 맞아들인다. 동월산 종한사인데, 병장屛帳이 다 갖추어지고 다과茶菓가 갖추어져 있다. 뜰 가운데에는 회양목 두 그루를 심어서 구리철사로 가지와 잎을 매어 혹 둥근 부채꼴을 만들었으며, 또 영산홍을 가꾸어 모서리 진 울타리를 만들었는데, 꽃이 한창 피어서, 진기한 나무로 그늘이 우거지고 각종 새들은 맑은 소리로 지저귀니, 여기는 수레를 멈추고 앉아서 즐길 만한 곳이다.

— 조명채, 『봉사일본시문견록』

한편 하코네 고개는 에도로 들어가는 관문이기도 했다. 이 곳을 지나면 쇼군이 있는 에도로 바로 이어지기 때문에 하코네 세키쇼는 경비가 삼엄하기로 유명했다. 반란에 사용될 수 있는 철포가 반입되거나 반란에 가담할 가능성이 있는 여성이 드나들 수도 있어 나이든 노파가 여성의 옷을 벗기고 몸수색을 벌이기도 했다고 한다. 이런 삼엄한 경비 탓인지 1748년 조명채는 『봉사일본시문견록』에서 그 상황을 잘 기록하고 있다. 검색하는 일본인들이 사신들에게 말과 가마에서 내리기를 요구했던 것이다. 조명채는 이에 극렬하게 항의하여 삼사신 및 상상관 등은 가마나 말에서 내리지 않고 그대로 이동하고 나머지 일부 수행원들만 가마와 말에서 내려 이동했다고 한다.

고개를 내려가면 하코네 호수와 주변의 마을이 펼쳐져 있었다. 이 호수는 아홉 마리의 용이 엎드려 있다 하여 구룡택九龍澤이라고도 불렀다. 이 못은 현재의 아시노호芦ノ湖로 하코네화산箱根火山의 화구에 만들어진 호수라고 한다. 통신사들은 대체로 이곳에서 숙박을 하는 경우가 많았다. 아래는 이곳을 숙소로 삼은 사행 중 하코네 호수의 전경에 대해 조명채와 신유한이 기록한 내용이다.

고갯마루를 지나 산중을 내려가다가 평지에 마을이 있는데, 2리쯤 그 사이를 지나가서 관소에 들어갔다. 관소는 공해 관청官廳인데, 만듦새가 정교하고 화려하며 호숫가에 있어 경치가 매우 좋다. 대개 사방의 산이 하늘을 받치고서 에워싸고 있고, 가운데에 둘레 40리의, 물이 흘러온 근원도 없고 흘러가는 끝도 없는 큰 호수가 열려 있고, 짙푸른 그늘이 깊어 보기에 오싹한데, 때로 바람이 불어와 바다처럼 물결이 인다. 일본인이 말하기를, "물속에 머리가 아홉인 용이 있으므로 세상에 전해 오기를 구룡택이라 하는데, 이 골 안은 구름과 안개로 늘 어두우며 소나기가 자주 뿌려서, 주민은 햇빛을 보기 어렵습니다" 한다. 오늘 올 적에도 처음에는 하늘이 맑았으나, 문득 구름이 흘러 모이고 가는 비도 뿌렸으니, 여기를 굴집으로 삼으면서 구름을 토하고 비를 불러내는 등 변화를 헤아리지 못할 신령스럽고 괴이한 것이 있다고 해도 이상하지 않다.

— 조명채, 『봉사일본시문견록』

소나무, 삼나무, 단풍나무, 대나무가 푸르게 우거졌고, 떨어진 노을에 나는 새는 가을 물결과 더불어 맑고 아름다움(明媚)을 다투는 듯하다. 고기잡이배는 아득하게 하늘에 뻗쳐서 그림자가 출렁이는 물결 사이에 거꾸로 비추었다. 이에 이르러 보는 사람들이 크게 즐거워하고 의심하여 "천 길 산 위에 어디로부터 동정호의 기이함을 얻었는고! 이제 비로소 조물주의 수단이 편벽되게 왜놈들을 위하여 허비한 것임을 알겠구나!" 하였다.

— 신유한, 『해유록』

그림 34 이성린, 《사로승구도》〈상근령상관임대택箱根嶺上館臨大澤〉(1748년 5월 18일 도착), 국립중앙박물관 e뮤지엄에서 전재

시로 승화된 하코네의 산수

높고 험준한 하코네 고개를 오르면 봉우리에서 후지산이 바라보이고, 산에는 대나무가 빽빽하게 들어차 있었다. 면죽綿竹 혹은 총죽叢竹이 가득 서 있는 풍광은 '상근령箱根嶺'이라는 고개이름을 짐작하게 하기에 충분했다. 이런 풍광은 자연스럽게 시로 이어졌다.

상근령을 넘어가다 총죽을 보고 우연히 읊음

백 리에 걸쳐 총죽이 널려 있어,	百里蟠叢竹
이 고개 이름이 상근령箱根嶺이라오.	箱根是號嶺
빽빽한 속에서도 낱낱이 꼿꼿하니,	扶疎箇箇直
모두들 태양의 그림자를 받았나 보구나.	咸得太陽影

― 조엄, 『해사일기』「수창록」

하코네 고개에서 아래로 조금 내려오면 만나게 되는 화산호인 하코네 호수 또한 그 기이한 분위기로 인해 문필가들의 시상을 자극하였다. 신유한은 호수의 물결이 밀려왔다가 밀려오는 것, 물이 바다처럼 줄었다가 늘어나는 것이 신기한데 이유를 알 수 없다고 하였다. 또한 구룡택이라고 불리기도 하는 하코네 호수는 전설에 의하면, "아홉 개의 머리를 가진 신룡神龍이 물속에 있어서 사람이 혹 그 앞에 가까이 가면 문득 잡아먹힌다"라고 하는 말을 전하며 기이함을 더 자극하기도 했다.

상근호箱根湖

무더운 땅 기운 솟아나 샘이 되었으니,

薰蒸志氣湧爲泉

깎아지른 산마루에 깊은 못 있음을 괴이하게 여기지 마오.

無怪深淵在絶嶺

봉우리는 부용인 양 참하게 물에 젖었고,

峯近芙蓉純浸水

비늘을 감춘 용은 혹시 하늘로 올랐는가.

龍藏鱗甲或升天

비파호 사백 형상은 감坎으로 나뉘었고,

琵湖四百形分坎

상역 삼천 이익은 전지에 미쳤다네.

桑掖三千利及田

우리나라 백두산 마루에도 큰 못 있으니,

東土白頭山有澤

남피에서 어느 해 바다를 건넜던고.

南皮渡海問何年

— 조엄, 『해사일기』 「수창록」

상근호箱根湖

상근산 가운데가 꺾여 호수를 이루었으니,

箱根中折作平湖

십 리나 되는 맑은 물, 넓은 언덕 둘렀구나.

十里泓澄闊岸紆

거꾸로 선 부상의 그림자, 끊어진 돌을 봉했고,

倒影扶桑封斷石

은하수 근원 나눠 넓은 저수지를 만들었구나.

分源河漢建洪樞

노는 사람들 감히 여기서 물고기 새우 잡지 못하고,

遊人不敢魚蝦掇

음지의 짐승들은 굴집에서 죽음을 맞이하네.

陰獸由來窟宅殊

어찌하면 요리要離가 척검을 던지게 하여,

安得要離提尺劍

잠깐 사이에 푸른 물결을 피로 물들이겠는가?

碧波爲血在須臾

— 조경, 『동사록』

에도에서의 의례가 끝나고 다시 조선으로 돌아가는 귀로에서도 하코네 고개는 여전히 신비하고 아름다운 풍경을 자아냈다. 그 풍경의 변화를 보며 비가 오던 날이 맑아지고, 여름이었던 계절이 가을이 되고, 다시 조선 땅, 부산포로 돌아가게 될 희망과 기대가 아래의 조경이 쓴 시에 담겨 있다.

거듭 상근령을 지나며

올 때는 상근에 비가 오더니,　　　來時箱根雨

갈 때엔 상근에 날이 개었네.　　　去時箱根晴

올 때는 한여름이 덥더니,　　　　來時朱夏熱

갈 때엔 가을이 서늘하네.　　　　去時素秋淸

묻노니, 누역·삿갓 쓴 것이,　　　借問帶蓑笠

맨몸으로 감과 어떠하냐?　　　　何如乾淨行

묻노니, 무더운 장독이,	借問炎瘴毒
해맑은 하늘과 어떠하냐?	何如天宇晶
하물며 나 예순 살 늙은이가,	況我六十翁
죽지 않고 돌아가는 길 밟는구나.	不死踏歸程
복명을 기약할 수 있겠고,	復命可指期
어버이도 아울러 뵐 수 있겠네.	寧親亦可幷
어젯밤에 북당을 꿈꾸니,	昨宵夢北堂
원추리가 예전대로 우거져 있네.	萱草依舊榮
험난함을 조금만 참아 낸다면,	險難宜少忍
창해에 물결도 잔잔해지리.	滄海浪亦平
쏜살같이 배가 가니,	雲帆疾如箭
부산포가 벌써 눈 속에 환해지네.	釜浦眼中明

— 조경, 『동사록』

12

사행의 종착지,
에도에 입성하다

오른쪽에는 큰 바다를 곁에 두고 왼쪽으로는 인가를 꼈는데, 인가가 길가에 빽빽하여 하나의 긴 띠와 같아서 갈수록 번성하였다.

10리쯤 가자 남여를 멘 왜인이 벌써 에도에 당도했다 하여 바라보니 큰 성이 바다 머리를 눌렀는데, 참호의 웅장하고 견고함과 문루門樓가 높이 솟은 것이 벌써 사람을 놀라게 하였다.

— 신유한, 『해유록』

에도에 들어서 니혼바시를 거닐다

통신사가 바다를 건너 멀고 힘겨운 사행길을 지나온 목적은
조선 국왕의 국서와 예물을 일본 국왕인 쇼군에게 전달하고 교
린 관계를 공고히 하기 위함이었다. 그 목적을 위한 마지막 종
착지가 에도江戸였다. 에도에서는 일정을 정해 국서와 예물을
전달하는 전명례傳命禮가 행해지는 것이 큰 행사였지만, 한편으
로 에도의 일반적인 일본인들에게는 화려한 통신사 행렬을 보
는 것이 큰 행사였다. 이 때문에 통신사들도 마지막 장소인 에
도로 들어가기 전에는 의복과 행렬 등에 특별히 신경을 썼다.
이 행렬을 보고자 하는 것은 일반 일본인에게만 한정되지는 않

았다. 한 번은 막부의 쇼군이 자신의 아들과 함께 길가에까지 나와서 통신사 행렬을 관광하려고 하니 통신사의 의복과 위의에 특별히 신경을 쓰라는 안내가 있기도 했다.

삼사신과 이하의 원역들은 모두 검은색의 관모를 썼고, 상상관 이상은 붉은색의 단령을 입고 행렬을 이루어 에도성으로 향하였다. 신경을 잔뜩 쓴 통신사 행렬 의장에 대해 조명채와 신유한은 다음과 같이 기록하고 있다.

> 쓰시마도주(馬州守)가 말을 전하여 사시巳時에 함께 떠나자고 약속하더니, 늦어서야 쓰시마도주가 먼저 떠난 것을 들었다. 삼사신과 원역員役들은 오사모烏紗帽에 홍포紅袍를 갖추고, 비장裨將들은 융복戎服[군복의 한 가지로 철릭과 주립朱笠으로 되었다]에 고건櫜鞬[활과 화살을 꽂아 넣어 등에 지도록 만든 물건]으로 국서의 전배前陪가 되어, 위의威儀를 갖추어서 차례로 떠났다. 일행의 종자從者도 다 고운 옷으로 갈아입고 배행輩行하여 정제하였다. 왜인은 전어관 2인이 교자 앞에 보행으로 벌여 가고, 교군의 옷도 죄다 새롭다.
>
> ― 조명채, 『봉사일본시문견록』

일찍이 밥을 먹고 에도로 향하는데, 당상역관 이하가 검은 관대冠帶를 하고서 국서를 모셨고, 가마 메는 군관은 군복을 갖추고 무장武裝을 하고 음악을 연주하면서 갔고, 삼사신은 홍단령을 입었고, 나와 상통사, 의관醫官도 또한 홍단령을 입고 뒤를 따랐다. 3명의 서기는 선비의 의관을 입었고, 말을 탄 여러 상관·중관·하관들이 차례로 구슬을 꿴 듯이 나아갔다.

— 신유한, 『해유록』

통신사들이 에도로 들어가기 전 넓은 전답, 바다, 인가들이 고요한 전경으로 펼쳐졌다. 에도성에 가까워질수록, 또 에도성에 들어가면서 주변은 번성한 인가와 상점들, 질서정연하게 빽빽이 들어찬 구경꾼들로 바뀌었다. 1764년 사행에 참여한 김인겸은 에도성에 들어서기 전에는 "좌측에는 집이 줄지어 있고 우측에는 바다가 펼쳐져 있다. 산은 전혀 보이지 않고 비옥한 토지가 광활하게 퍼져 있다"라고 하였으나 에도성에 들어서서는 "누각이나 저택의 사치스러움, 사람들의 활기참, 남녀의 화려함, 성벽의 아름다움, 교량과 배, 모두가 오사카와 같이 뛰어나다. 이 훌륭함을 문장으로 표현하는 일은 나로서는 불가능하다"라고 평가를 바꾸었다. 이런 평가는 다른 통신사들도 예외는 아니었다.

저잣거리를 다 지나니 길이 바닷가에 나 있는데, 왼편
은 인가人家요, 오른편은 바다 둑에 아주 가깝다. 둑 아
래에 작은 배가 고기비늘처럼 모여 있는데, 풍랑이 마
침 일어 키 까불 듯이 움직이는데도, 배 안에서 구경
하는 늙은이나 젊은이나 태연하여 두려운 빛이 없다.
2-3리쯤 가니, 길 양쪽 가의 거리가 갑절이나 더 화려
한데, 지붕 위에는 다 흰 흙을 새로 칠하여 깨끗이 다듬

그림 35 이성린, 《사로승구도》〈입강호入江戸〉(1748년 5월 21일 도착), 국립중앙박물관 e뮤지엄에서 전재

어지고 곱게 빛나는 것이 마치 눈 내린 뒤의 광경 같다. 누대楼臺의 발(簾)이 금으로 수놓아져 서로 비추고 이따금 큰 집 두셋이 구리 기와(銅瓦)로 덮여 있어 햇빛에 번쩍인다. 혹 잠깐 문을 열고 그 틈으로 구경하는 자가 있으면, 길가에서 쇠지팡이를 끌며 경계하는 자와 교자 앞의 금도禁盜가 손뼉을 치고 소리 질러 조금도 못 열게 한다.

— 조명채, 『봉사일본시문견록』

오른쪽에는 큰 바다를 곁에 두고 왼쪽으로는 인가를 꼈는데, 인가가 길가에 빽빽하여 하나의 긴 띠와 같아서 갈수록 번성하였다. 10리쯤 가자 남여를 멘 왜인이 벌써 에도에 당도했다 하여 바라보니 큰 성이 바다 머리를 눌렀는데, 참호의 웅장하고 견고함과 문루가 높이 솟은 것이 벌써 사람을 놀라게 하였다. 드디어 한 성문으로 들어가 두 개의 큰 판교板橋를 건너니 모두 비단 가운데로 걸어가는 듯했다.

— 신유한, 『해유록』

이렇게 들어선 에도성 안은 어디에다 눈을 두어야 할지 모를

그림 36 통신사 행렬이 에도성으로 들어오는 모습을 재현한 축제의 한 장면. 하네카와 도에이羽川藤永, 〈조선통신사래조도朝鮮通信使來朝圖〉, 고베시립박물관神戸市立博物館 소장

경관들이 이어졌다. 특히 니혼바시를 지날 때면 통신사들의 눈은 휘둥그레졌다. 빽빽하게 서 있는 화려한 복장의 구경꾼들, 정비된 시가지와 상점, 화려한 건물들은 통신사의 시각을 자극하기에 충분했다. 신유한은 정비된 시가지를 아주 자세히 묘사하고 있는데, 시市에는 정町이 있고, 정에는 문이 있어 거리는 사면으로 곧게 통한다고 하였다. 조명채는 정과 정 사이는 30-40보 정도 되며, 정마다 세워져 있는 이문里門을 들어서면 문안에는 금도청禁盜廳을 두었는데, 에도에서 30리 안에 설치한 이문이 89곳에 이른다고 했다. 또한 문 위에는 화재가 발생한 곳을 빨리 확인하고 조처를 취하기 위해 높은 대를 세우고 감시초소를 만들어 놓았기도 했다. 일본의 가옥들은 모두 목재로 되어 있는데다가 통신사들이 이르는 곳마다 등불이나 횃불을 환하게 밝혀 놓았기 때문에 화재의 위험성이 도사리고 있었다. 이 때문에 화재 감시초소는 중요한 역할을 했다. 화재 감시초소는 10여 길 되는 네 기둥을 세우고 큰 나무로 중방中枋을 가로 꽂아 사다리를 이루게 해서 꼭대기에 판잣집 한 칸을 설치한 형태였다.

바다로 이어지는 하천과 아치 모양의 수교水橋, 다리 아래를 통과하는 배, 그리고 거리마다 줄지어 늘어선 상점들과 인파는 사신들의 눈을 더욱 휘둥그레지게 만들었다. 그들의 놀란 눈은 사행록에도 담겨 있다.

분칠한 다락과 아로새긴 담장은 3층과 2층이 되었고, 서로 연한 지붕은 비단을 짜놓은 것 같았다. 구경하는 남녀가 거리를 메웠는데 수놓은 듯한 집들의 마루와 창을 우러러보매, 여러 사람의 눈이 빽빽하여 한 치의 빈틈도 없고 옷자락에는 꽃이 넘치고 주렴 장막은 해에 빛나는 것이 오사카에서보다 3배는 더하였다. 무릇 3곳의 판교板橋를 지나고, 백여 개의 이문里門을 지났는데, 한 개의 큰 문에는 '금룡산金龍山'이라 써 붙여져 있었다.

— 신유한, 『해유록』

에도에서의 숙소, 히가시혼간지

통신사 일행은 화려한 축제의 장처럼 보이던 니혼바시를 지나서 숙소로 이동했다. 에도의 숙소에서 통신사들이 머무는 기간은 쓰시마섬 다음으로 가장 길었다. 그렇다면 이제껏 쓰시마섬을 거쳐 에도까지 오는 과정에서 묵었던 다양한 숙소들과는 어떻게 달랐을까?

초기 통신사들의 숙소는 혼세이지本誓寺였다. 7차 사행까지는 이곳이 숙소로 이용되었지만, 화재 사건이 발생하면서 8차부터는 숙소가 히가시혼간지로 바뀌었다. 처음 통신사행에서 인식한 혼세이지는 어떤 곳이었을까? 1607년 사행원이었던 경섬은 다음과 같이 기록하고 있다.

> 여염 사이로 10여 리를 가서 부의 동쪽 혼세이지에 사관을 정했다. 절이 굉장하고 사치스러워 황금을 기둥에 발랐으며, 새로 지어 공사가 끝나지 않았는데, 병풍, 자리, 장막들은 모두 황금을 썼다. 밥상에 연밥이 나왔다. 음식이 사방 한 길이나 되고 금과 은을 그릇에 발랐다. 그 풍족하고 사치스러움이 여태까지 지나온 곳보다 훨씬 뛰어났다.
>
> — 경섬, 『동사록』

첫 사행 때에는 혼세이지를 지은 지 얼마 되지 않아 공사가 완료되지 않았던 상황인 듯하다. 하지만 화려함과 사치스러움은 비길 데가 없었다. 1624년, 강홍중도 절이 지극히 정결하고 단청한 벽과 금칠한 기둥은 광채가 눈부시다고 하였다.

그런데 이 사찰에 화재가 발생했다. 1719년 사행원이었던 신유한은 "이 사관은 실상사實相寺인데, 일명 본서本誓라고 하고,

옛날에는 동본원사東本願寺라 하였다. 예전부터 우리나라 사신이 이곳을 숙소로 정하였는데, 이해 봄에 화재가 나서 잿더미가 되었고, 새로 수천 칸을 지은 것이다"라고 하여 혼세이지가 화재로 소실되고 새로운 사관을 만든 것을 기록하고 있다. 하지만 새로운 숙소는 화려한 에도성 안의 숙소로 기대한 것에는 크게 미치지 못했던 것 같다.

국서는 정청正廳에 봉안하였는데 남향으로 하였다. 정사관은 왼쪽에 있었는데 동향이었고, 그 서쪽이 부사관이요, 또 그 뒤가 종사관의 관이 되었고, 나는 종사관의 서쪽에 거처하였는데, 모두 한 구내構內에 있어 대소 수백 명이 기거하고 잠자는 곳과 부엌·측간 등도 모두 각도閣道로 내왕하니, 궁실의 제도가 본래 이와 같았다. 뜰에는 곡지曲池가 있었고, 못가에 있는 작은 언덕에 화초를 심었고, 또 정갈하고 운치 있게 설치한 측도測島와 횡교橫橋가 볼 만하였다. 그러나 자리와 장막의 풍부하고 화려함은 역로에서 접대하던 것에 미치지 못한 듯하였다.

— 신유한, 『해유록』

반면에 그 이후 사행부터는 관소 건물이 차츰 정비되어 가면서 히가시혼간지에 대한 인상은 점점 변하게 되었다. 1748년, 조명채는 관사의 화려함이 교토보다 더 나은데도 에도에서 이 사찰이 가장 작은 규모라는 것에 놀라고 있다.

> 관소는 본원사本願寺인데, 절은 강호의 동쪽에 있어 곧 저자 가운데 위치한다. 관소의 문을 들어가니, 10여 칸의 행각行閣을 새로 지어서 누각 댓돌 위에 잇대었는데, 위에는 가는 서까래를 깔고 두꺼운 유지油脂를 발라서 비와 볕을 가렸다. 대마주 봉행이 댓돌 아래에서 맞이하여 절하고, 두 관반館泮 상총개上總介, 수리대부修理大夫가 청상廳上에 나와 맞이하기에 마주 두 번 읍揖하고 서 지나갔다. 관사의 굉장하고 화려함이 서경西京보다 나은데, 강호의 3백 남짓한 절 중에서 이것이 가장 작은 절이라 한다.
>
> ― 조명채, 『봉사일본시문견록』

　　통신사들은 곧이어 있을 에도성에서의 전명례 일정을 기다리며 이곳 관소에서 대기하며 일상을 보냈다. 관소 밖으로 마음대로 돌아다니지는 못했겠지만 숙소 주변의 활기차고 화려한 에도의 모습은 충분히 짐작했으리라 생각된다.

에도성의 화려함, 국서전달 의례

통신사들이 숙소에서 머무는 동안 쇼군에게 국서전달 의례 (傳命禮)를 하는 날과 에도성 밖을 나가서 다시 조선을 향해 출발하는 일정이 정해졌다. 이 일정 외에 추가로 막부 측에서 마상재를 시연하는 날이나 연회를 베풀어 주는 날을 정하기도 했다. 어쨌든 일정이 정해지면 조선 측 당상역관은 의례에 참여할 통신사들에게 날짜를 알렸다. 하지만 꼭 처음 정해진 날짜에 의례를 행하지는 않았다. 1748년 사행 때는 처음에 당상역관이 전하기를, "관백에게 전명傳命할 날짜는 이달 27일로 하고, 돌아가는 날은 다음 달 13일로 정하였다"라고 하였다. 그런데 갑자기 쓰시마섬에서 발생한 화재로 인해 예단이 불에 타게 되면서 추가 요청한 예단을 기다리는 상황이 되었다. 이 때문에 통신사 측에서 전명례를 하는 날을 늦춰 달라고 요청하였다. 처음에는 쇼군 측에서 예단이 부족해도 정해진 날짜에 할 것을 청했지만, 결국 통신사 측의 의견을 수용하여 전명일이 5일 뒤로 늦춰진 것이다. 다행스럽게도 그사이에 조선에서 예단이 도착했다.

통신사들은 전명례를 행하는 날 아침 일찍 망궐례를 행하고 국서용정國書龍亭 및 행장을 갖췄다. 행장을 갖추고 성안으로 들어가는 통신사 행렬에 대해서는 신유한의 사행록에 아주 자세하다.

밥 먹은 뒤에 국서용정을 받들고 삼사신은 금관·옥패와 조복을 갖추고 홀笏을 잡고 우리나라의 가마를 탔다. 나[제술관]와 당상역관 세 사람과 상통사上通事는 흑단령을 입고 현교懸轎를 탔다. 서기와 의관醫官도 또한 모두 흑단령에 사모를 쓰고 띠를 찼으며, 군관은 우립羽笠·금포錦炮에 칼을 차서 무관의 정장을 갖추고 아울러 황금 안장을 한 준마를 타고 기旗·절월節鉞을 세워 들고 양부고취兩部鼓吹와 관현管絃의 음악을 울리면서 떼를 지어 잇달아 나아갔다.

— 신유한, 『해유록』

에도성의 정문인 오테몬에 도착한 통신사는 3개의 문을 더 지나서 혼마루로 들어갔다. 3개의 문은 산노고몬三の御門, 나가노몬中之門, 주자쿠몬中雀門이다. 당상역관 3명은 오테몬에서 가마에서 내렸고 삼사신은 산노고몬을 거쳐 안으로 들어간 후 백

인번소百人番所 앞에서 가마에서 내려 걸어 들어갔다. 이때부터 국서용정 및 삼사신 일행은 쓰시마도주와 장로 2명, 에도막부 조성어용을 포함한 관리 6명 등의 안내를 받으며 나카노몬으로 향했다. 나카노몬에서는 중관 일행들이 밖에서 대기하고 나머지는 주자쿠몬으로 향했다. 한편 국서가 주자쿠몬을 들어가면 국서를 가마에서 꺼내 당상역관이 받쳐 들고 국서용정 및 호송하던 쓰시마번 무사들은 주자쿠몬 안쪽에 머물렀다. 그후 삼사신 일행이 주자쿠몬에 들어서면 사사봉행寺社奉行 등이 대기하고 있다가 안내를 했다. 3개의 성문에 대해서 신유한은 다음과 같이 기록하고 있다.

제1 성문에 들어가니, 제일 좋은 집 천 채가 높고 빛났는데, 긴 행랑으로 둘렀고 흰 벽으로 칠을 하였고, 문 앞에는 각각 창고·우기羽旗가 있어 궁궐과 흡사하였다. 분벽粉壁과 층층의 난간에는 붉은 유소流蘇[기나 수레 등에 다는 오색 실로 된 술]를 쌍으로 드리웠고, 구슬 주렴·비단 장막 사이에서 엿보는 사람들은 찬란하기가 1천 수풀에 꽃이 핀 것 같았으니, 이것은 모두 집정과 태수, 또는 여러 귀인의 집이었다. 제3 성문에 이르자 이것이 궁성이었는데, 담만 있지 참호도 없고 포대砲臺도 설치

하지 않고 모양새가 빛나고 아름다움이 우리나라의 궁
정과 같았고 또한 심히 높고 컸다. 군관 이하는 궁성문
밖에서 말에서 내려 무관 정장과 칼과 패를 풀고 걸어
서 들어갔으며 깃발과 고취는 모두 남겨 두었다.

— 신유한,『해유록』

제3 성문은 에도성의 정문으로, 여기에는 '하마下馬' 표지석
이 있었다. 때문에 조선의 군관들은 모두 말에서 내려 걸어 들
어가도록 했다. 국서는 혼마루 현관 계단을 올라가 혼마루 내
쓰기노마次の間라는 방에 잠깐 모셔졌다. 이후 막부 쇼군이 오히
로마大廣間(쇼군이 좌정하는 정당正堂)로 나오면 모든 다이묘 앞에서
국서전명식이 시작됐다.

삼사신이 쓰시마도주의 안내로 예식 행할 곳을 자세히 살핀
뒤에 외헐소外歇所(빈객賓客이 머물러 쉬도록 집의 안채 밖에 마련한 장소.
외부 대기실)에 돌아와 좌정해 대기하면, 조금 뒤에 쓰시마도주가
일어나 삼사신을 인도하여 들어가서 내헐소內歇所(빈객의 내부 대
기실)로 이동했다. 국서를 칸막이 된 벽에다 모셔 놓은 다음 삼
사신은 국서를 향하여 벌여 앉고, 쓰시마도주는 꺾어진 모퉁이
에 앉았다. 또한 북쪽 아래 벽에는 각 주의 일본인 태수들이 자
리했다. 각종 예단을 궤가櫃架에 담아서 대광간의 서헌西軒에 벌

여 두고 쇼군이 나오면 본격적인 의례가 진행되었다.

　이어 당상역관이 국서를 받들고 삼사신이 뒤를 따라 영 밖에 나가 서서 쓰시마도주에게 국서를 전하면, 쓰시마도주가 양손으로 받들고 오히로마 앞까지 가서 약간 꿇어앉는 시늉을 하고서 곧바로 일어나 전殿 안으로 들어가 또 고가高家(고가는 일본의 대표적 명가문名家門)의 모某 씨에게 전하여 전 위에 놓아두었다. 삼사신은 내헐소에 돌아가 대기하고, 집사執事하는 여러 일본인은 손에 각종 예단을 받들어 당 안으로 들어가며, 말은 끌고 나갔다. 그러고서 쓰시마도주가 일어나서 사신을 인도하여 예식 행하기를 청했다.

　사신이 들어가 제2층 자리 위에 서서 사배례四拜禮를 행하고서 내헐소로 다시 물러가면 당상역관에게 사예단私禮單 단자를 전달하여 들여보냈다. 집사하는 자가 오히로마에서 나와 각종 사예단을 수납한 뒤에, 집정이 나와서 또 쓰시마도주에게 말을 전하여 사신에게 예식 행하기를 청했다. 그러면 사신이 당 안 제 층에 들어가서 또 사배례를 행했다.

　국서와 예단을 전달하는 의례가 끝나면 연회가 베풀어졌다. 하지만 통상적으로 삼사신에게는 쇼군과 술을 마시는 자리가 주어졌다. 1748년의 기록을 토대로 쇼군과 삼사신의 주연酒宴과 이후 이어진 연향을 들여다본다.

이성린, 《사로승구도》 〈관백연향關白宴享〉(1748년 6월 1일 연회), 국립중앙박물관 e뮤지엄에서 전재

쓰시마도주가 "관백이 사신과 술을 같이 마시자는 명이 있었습니다"라는 말을 전하자 삼사신은 차례대로 제3층 동편 자리 위에 앉았다. 먼저 쇼군 앞에 상을 올리고 나면 또 차례로 세 사신 앞에 상이 올라왔다. 1748년 당시 조명채는 상에 올라온 음식이 상당히 조졸했다고 하였는데, 상과 그릇은 모두 흰 삼나무(杉木)인데 황률黃栗(말린 밤)·인복引鰒(납작하게 펴서 말린 전복)·다시마 세 그릇뿐이었다고 하였다. 집사하는 자가 쇼군에게 상을 올린 뒤에 쓰시마도주가 정사를 인도하여 제2층에 올라가 앉았다. 술병을 잡은 자가 왼손으로 잔을 올리고서 술을 따랐으며,

정사가 잔을 들어서 받고 다시 들어서 다 마신 다음 잔을 상 위에 도로 갖다 놓으면, 집사하는 자가 또 쇼군에게 잔을 올렸다. 술잔을 왕래하는 절차가 종사관에게 이르면 모두 정사가 할 때의 의식과 같이 하였다. 술은 별품別品이 아니고 잔은 토배土盃였다. 술이 한 순배 돈 뒤에는 집사하는 자가 차례로 상을 거두었다. 삼사신은 제3층 중앙에 들어가서 사배四拜한 후 물러나왔고, 행중行中의 여러 사람도 상상관上上官에서 각 원역의 종에 이르기까지 차례차례로 그 위치를 낮추어서 모두 절을 했다. 이후 집정이 잔치를 즐기고 파하라는 쇼군의 말을 전하면 삼사신은 치사致謝한 다음 하직하고서 당 안으로 들어가 사배를 하고 물러났는데, 그러면 쇼군 또한 안으로 들어가며 파했다.

일본의 연회 문화

전명례를 끝으로 통신사들에게는 귀로 일정만이 남았다. 이런 상황에서는 아쉬운 마음이 들기 마련이다. 특히 공식적인 연회 외에는 유람다운 유람을 즐길 여유가 거의 없었던 통신사들에게 아쉬움은 더욱 컸다. 신유한은 "에도의 산천·누각의 좋은 경치가 간 곳마다 그림과 같은데도 국법에 구애되어 흥취를 따라 문밖에 한번 나가 보지 못하고, 반달이나 지체하는 동안 다만 일본인들이 요청하는 글빚에 피곤함을 당하여 전복 냄새만이 상자에 가득하였고, 끝내 가슴에서 나온 좋은 글로 좋은 경치를 써낸 것이라곤 없으니, 답답하여 탄식이 나올 정도였다"라고 표현하기까지 했다.

이런 이유 때문이었을까? 통신사들은 마지막 연회에서 일본의 음악, 음식, 잡희를 밤새 즐기려고 애썼다. 그들이 마지막으로 접한 연회 문화는 어땠을까? 조선과 많이 달랐을까? 그간의 피로를 충분히 씻어 줄 만했을까? 신유한의 『해유록』을 통해 사신들이 맛본 일본의 연회 문화를 정리해 본다.

음악

당堂 앞 6-7보쯤에 작은 행랑이 화려하고 통창하였는데 악공樂工 5-6인이 비파·피리·장구 등을 각각 두어 벌씩 가지고 앞줄에 벌려 앉아 있었고, 노래하는 자가 또한 몇 사람이 있었다. 비파의 모양은 우리나라의 해금과 같으면서 배에 줄이 있었는데, 채(撥)로 타고, 북은 장구의 모양과 같으면서 작았는데, 왼손으로 가운데를 잡고 어깨 위에 메고 한쪽을 두드리니, 이른바 부부附缶라 하는 것인데, 미치게 소리를 지르는 것이 마치 흥이 나서 엉덩이를 치며 소리를 지르는 것 같고, 마치 개가 으르렁거리고 닭이 우는 것 같으니, 나도 모르게 웃음이 절로 나왔다. 길이가 한 자도 안 되는 피리는 구멍이 있어서, 불면 소리가 마치 가을 풀 속에서 귀뚜라미가 우는 것과 같았다. 노래하는 자는 책을 앞에 놓고 있다가 책을 펴 보면서 부르는 것이 마치 글을 읽는 형상과 같았고, 그 소리가 또 승려들의 범패 같았다.

춤

16-17세쯤 되는 미남 10인을 뽑아서 어깨에다 붉고 흰 것을 그리고 머리를 틀어 기름을 바르게 하는 춤을 추게 하였는데, 오색 무늬의 비단옷을 바라보매 마치 나라라도 망칠 만한 미인과 같았다. 밖에서 옷을 갖추고 들어가서 두루 행하고 함부로 걷는 것이 음악 소리와 박자를 맞추지 않는 것 같으니, 대개 우리나라 오방신무五方神舞와 같았다.

조금 있다가 나가서 옷을 바꾸어 입고 들어왔는데 복색이 더욱 고왔고, 머리에는 누른 수건을 썼는데 높이가 한 자가량 되었지만 둥글고 곧아 기울어지거나 비뚤어지지 않았고, 손에는 검은 나무 막대기를 들었는데, 길이가 5-6척이나 되었다. 막대기를 들고 공중을 가리키면서 발을 돋우고 팔을 날려 치고 찌르는 형상을 하더니, 조금 있다가 황색 수건이 절로 떨어지매 문득 채색 꽃이 머리에 가득하였다. 꽃은 일산日傘 모양과 같았는데, 펴지면 화관花冠이 되어 너울너울 아름다운 모양을 만들다가 홀연히 화관이 장대 끝으로 옮겨붙어서 또다시 보배 일산과 같이 되어 그것을 받들고 춤을 추었다.

한참 만에 또 나가서 그들 열 사람을 나누어 다섯은 창녀의 복식을 하였는데 환연히 청루에서 애교를 부리는 자태였었고 다섯은 놀아나는 소년의 꾸밈을 하였는데, 또한 방탕한 오입쟁이의 모습이었다. 대열을 나누어 춤을 추었는데 화려한 옷이 햇빛을 희롱하였다.

동서에서 마주 서서 춤을 추었는데 소매를 벌리지 아니하고 몸을 돌리며 걸음을 옮겨 느리게 걷다가 급히 달리는 춤이어서, 마치 눈(雪)이 펄펄 날리고 꽃이 떨어지는 광경이었다. 또 춤은 변하여 남녀 간에 정을 머금고 추파를 던지는 모습을 보이기도 했다.

잡희 雜戲

잡희가 나왔는데 대개 우리나라의 꼭두각시놀음과 같았다. 행랑 가운데에 장막을 설치하고 어린아이를 안은 사람이 나왔는데, 칼빛이 번쩍거렸다. 칼등을 퉁기며 잡아끄니 칼은 다시 기이한 꽃이 가지에 가득한 모습으로 변하였고 그것을 불어서 흩어지게 하니 가을바람에 잎처럼 떨어졌다. 또 화려한 금빛의 집이 갑자기 장막 머리에서 일어섰다. 보이는 것이 요괴롭고 사치스러워 절과 같았는데, 그 가운데에서 등촉 燈燭이 우수수 떨어져 내렸다. 이와 같은 것이 몇 가지나 되었는데 섬쇄한 환상과 기괴함을 모두 차마 눈으로 볼 수 없었다.

— 신유한, 『해유록』

13

'천하명승지 유람'으로
둔갑한
닛코 방문

대개 산의 형세를 논하면 웅장하고 높기는 후 지산보다 못하나, 동문同門의 회포한 것과 봉만 峯巒의 빼어난 것은 절승이다.
도쿠가와 가문이 여기를 사당 터로 정한 것은 진실로 까닭이 있도다.

—남용익, 『부상록』

닛코산日光山 유람, 억지유람이었을까?

1636년 통신사들에게는 전에 없던 유람 일정이 주어졌다. 천하절경의 명산인 닛코산을 유람하는 것이라 하였지만, 실제로는 얼마 전에 완성된 도쿠가와 이에야스의 사당으로의 방문을 유도한 것이었다. 통신사들은 하나같이 조선 국왕의 명이 없으면 유람을 할 수 없다고 하였지만, 이 일이 성사되지 않을 경우 막대한 부담을 지게 된다는 쓰시마도주 측의 간곡한 부탁에 닛코 유람을 거절하지 못하였다.

추운 날씨 탓이었는지, 조선으로 귀국한 후 국왕의 추궁이 염려되었던 탓이었는지, 1636년 사행원들의 기록에는 하나같이 닛코 유람에 대한 악평으로 가득했다.

이 산은 대체로 우리나라의 가야산과 모양은 방불하나
천석泉石은 별로 보잘것없었다. 국내에서 제1 산이라는
명산이 이와 같으니 그 외의 것도 짐작할 만하다. 일본
풍속(倭俗)에서 부처를 숭상함은 고금이 같다. 관백은
일국의 군장으로서 그의 조부를 절 뒤에 있는 황산荒山
가운데 모시고도 조금이나마 부끄럽게 여기기는커녕,
도리어 이웃 나라의 세 사신에게 자랑하려 하니, 그의
어리석고 무식함은 나무랄 수조차 없는 것이 있었다.

— 임광, 『병자일본일기』

대개 이 산은 우리나라의 가야산 모양과 비슷하나 별
로 천석의 경치가 없었다. 나라 안에서 첫째가는 명산
이 이러하니, 그 밖의 것은 알 만하다. 일본인의 습속은
불교를 숭상하고 믿는 것이 예나 지금이나 같은데, 관
백이 재력을 다하여 사치를 극도로 하면서도 곧 부끄
러워할 줄 모르고, 유람을 청하기까지 하면서 도리어
뽐내고자 하니, 어찌 그릇된 것이 아니랴!

— 김세렴, 『해사록』

대개 이 산은 우리나라 가야산의 형세와 비슷하되, 천석에 별로 볼 만한 곳이 없다. 나라 안에서 첫째가는 명산이라는 게 이와 같으니 그 나머지는 알 만하다. 일본인의 풍속이 불교를 신앙함은 예나 이제나 같아서, 관백이 재력을 다하여 사치를 다하고, 또 절 뒤에다 그 할아버지를 모시되 일찍이 그것이 괴이한 짓인 줄 알지 못하고, 이웃 나라의 사신에게 유람을 청하게까지 하여 도리어 자랑하고자 하니, 그 어리석어 무식함은 족히 나무랄 것도 없다.

— 황호, 『동사록』

그런데 이들의 악평을 살펴보면, 거의 복사한 듯한 똑같은 표현으로 이루어져 있어 조금 의심스러운 생각이 든다. 이렇게 악평을 한 이유가 다른 데 있었던 것은 아닐까? 이후 사행에 참여한 통신사들은 그다지 나쁜 평을 하지는 않았다.

닛코산에 이르렀다. 지세가 그다지 높지도 않고, 들어서는 입구(洞口)는 깊고 넓은데, 오래된 잣나무와 늙은 삼나무의 푸른빛이 하늘에 연했다. 나무판자로 만든 다리가 구렁에 걸려 있고 아래로는 폭포가 흐르는데,

이것이 소위 산관교山菅橋였다.

— 저자 미상, 『계미동사일기』(1643년)

대개 산의 형세를 논하면 웅장하고 높기는 후지산보다 못하나 동문의 회포한 것과 봉만의 빼어난 것은 절승이다. 도쿠가와 가문이 여기를 사당 터로 정한 것은 진실로 까닭이 있도다.

— 남용익, 『부상록』(1655년)

이미 잘 알려져 있듯이 닛코 유람은 청과의 관계가 좋지 않던 상황에서 갑작스럽게 요청된 것이라 1636년 통신사행은 이런 정세를 감안하여 사행록을 작성했을 것이다. 도쿠가와 사당인 도쇼구에 들른다는 말은 차마 할 수 없고, '천하명산인 닛코산 유람'이라는 명목을 두었기에 그 화풀이를 '천하명산'을 깎아내리는 데 사용했던 것이다.

닛코에서 지내는 제례

1636년 통신사행에서 처음으로 닛코를 방문한 이후, 1643년,

1655년 사행에서도 닛코를 방문해 달라는 일본의 요청은 너무나 자연스럽게 이어졌고, 닛코에서 제사를 지내 달라는 황당한 부탁이 있었음에도 불구하고 조선 조정에서는 의외로 무리 없이 이 요구를 수용해 주었다. 닛코치제가 폐지되기 전, 1643년과 1655년 도쇼구의 풍광과 치제의 모습을 들여다보며 이 두 시기를 비교해 보자.

1643년, 도쇼구의 치제 장소는 갖추어진 지 얼마 되지 않았으나 통신사를 맞아들이기 위해 정비에 최선을 다한 것 같다. 우선 도쇼구로 들어가는 입구에 세워진 문은 돌기둥 두 개를 세워 만들었는데, 높이는 7-8길이나 되고, 크기는 두어 아름이 되는데, 모두 여덟 모로 깎고 겉에 왜황倭皇의 친필로 '동조대권현東照大權現'이란 다섯 자를 썼다. 그리고 이 글씨는 새긴 뒤에 황금으로 메웠다고 한다.

이 모습은 1655년에도 여전했다. 돌문 안으로 들어가면 넓은 뜰이 있고 다시 문을 들어가면 동쪽과 서쪽에 각각 누각이 있었다. 1643년에는 동쪽과 서쪽 뜰에 아무것도 없었으나 1655년 사행에서는 조선에서 준 종을 다는 등 진열한 물품이 달라지고 있다. 즉 뜰 동쪽·서쪽에 각기 종루鍾樓를 세웠는데, 동쪽에는 우리나라에서 준 종을 달았으며, 서쪽에는 남만南蠻에서 가져온 종을 달았다고 한다. 또한 뜰에서 안으로 들어가면 동서로 보이는 누각 중 동쪽 누각에는 악기樂器를 진열해 놓고 서쪽에는 금수레(金輿) 두 채를 놓아두었다.

다시 안으로 들어가면 의례가 행해지는 권현당權現堂이 있었다. 이곳은 사신들만 들어갈 수 있도록 하였는데, 정당正堂 밖에는 탁자를 놓고 물건을 벌여 놓았고, 또 평상平床을 놓아 사신이 예를 행하는 곳으로 했다. 뜰 가운데에는 좌우에 악당樂堂이 있고 여기에 봉두금반鳳頭金盤을 차려 놓았으며, 악공樂工 50명이 모두 금관金冠에 수놓은 옷을 입고, 승려들 백여 명이 자리에 앉아 있었으며, 모두 금으로 수놓은 옷을 입었다. 승려 두 사람이 사당 문을 열자 악공들이 생황과 퉁소·종고鐘鼓 등의 악기로 음악을 연주하였다고 한다. 1655년 사신들이 이르렀을 때는 당 앞에 새로 한 채의 건물을 짓고 또 평상을 설치하여 향안香案을 놓아서 사신의 행례 자리로 만들어 놓은 모습이었다. 또한 동편 뜰에는 악공과 무동舞童 50-60인이 자리 잡고 앉았는데, 화관花冠을 쓰고 비단옷을 입은 모습이었다. 통신사의 닛코 의례가 정례화되는 듯하자 의례를 행하는 장소를 새로 정비한 것이다.

1682년 통신사행에서는 더 이상 닛코 제례에 통신사들이 참석하지 않았다. 닛코 제례를 위해 제문을 준비하던 독축관讀祝官이나 제사음식을 마련하던 숙수熟手도 통신사 구성원에서 제외되었다.

조선 후기 12차례 통신사들의 사행길을 들여다보며 드는 생
각은, '과연 통신사행길은 유람이었을까?'라는 것이었다. 정해
진 기한을 맞추기 위해 정해진 경로를 이동해야 했고, 정해진
관소 밖을 마음대로 벗어날 수도 없었다. 그렇다고 관소 내에서
만이라도 산책이나 하면서 풍경을 즐길라치면 어디선가 글과
글씨와 그림을 요청하는 일본인들이 들이닥쳐 밤잠을 설치기
도 일쑤였다.

하지만 그럼에도 불구하고 통신사들의 시선이, 귀가, 입이
머무는 곳들이 있었다. 그런 곳은 어김없이 사행록에서 시가 되
고 글이 된다. 그렇게 남겨진 기록은 후대 사행원들에게도 필수
경유 코스가 되기도 한다. 어떤 장소는 전대의 통신사가 남긴
시에 후대의 통신사들이 차례대로 차운하여 또 다른 시를 남기
는, 과거와 현재를 이어 주는 명소가 되기도 한다. 그래서 한편
으로는 그들의 유람이 글로 하는 유람은 아닐까 하는 생각이 들
기도 한다.

글이라도 좋다. 대부분 아주 생생한 글로 살아 있어, 그 글에

《사로승구도》 그림을 하나하나 가져다 붙이니, 생각보다 통신사들의 유람이 흥미진진해지기도 한다. 사행이라는 특수한 상황과 공간을 자유롭게 넘나들 수 없는 부자유가 너무 뻔한 유람록을 만든 게 아닐까 하는 생각도 들었지만, 한편으로는 그들의 오감이 행동의 부자유를 잠식시켜 버린 장면도 종종 나와 짜릿해지는 순간도 있었다.

한편 통신사들의 유람기를 보고 있노라면 그들이 방문한 장소들이 현재 일본의 유명한 관광지로 그대로 이어지는 것도 확인할 수 있다. 유명한 유람지는 고금을 막론하고 그 가치가 지속되는 것 같다. 현재는 일반인들이 이런 수많은 관광지를 돌아다니며 SNS 등의 매체를 통해 오감을 표현하는 방법이 다양해졌다. 과거에는 글을 남길 수 있었던 지식인의 유람 경험에 의존할 수밖에 없었을 테지만, 그 글에는 오감을 상상력으로 극대화해 줄 수 있는 또 다른 가치가 있는 것 같다.

자, 이제 과거의 유람을 현재에서 다시 한번 천천히 실행시켜 보는 것은 어떨까?